辽宁省社科规划基金项目（高校思政专项）"大数据视域下高校网络思想政治教育实效性研究"（项目编号：L20DSZ018）

新时代
高校思想政治教育亲和力提升研究

滕慧君 / 著

大连海事大学出版社
DALIAN MARITIME UNIVERSITY PRESS

图书在版编目（CIP）数据

新时代高校思想政治教育亲和力提升研究 / 滕慧君
著 . — 大连：大连海事大学出版社，2025.3. — ISBN
978-7-5632-4660-1

Ⅰ . G641

中国国家版本馆 CIP 数据核字第 2025N84P35 号

大连海事大学出版社出版

地址：大连市黄浦路523号　邮编：116026　电话：0411-84729665（营销部）　84729480（总编室）

http://press.dlmu.edu.cn　E-mail:dmupress@dlmu.edu.cn

大连金华光彩色印刷有限公司印装　　　　　　　大连海事大学出版社发行

2025年3月第1版　　　　　　　　　　　　　　2025年3月第1次印刷

幅面尺寸：184 mm×260 mm　　　　　　　　　　　　　　　印张：9.75

字数：234 千　　　　　　　　　　　　　　　　　　印数：1~500册

出版人：刘明凯

责任编辑：席香吉　于孝锋　　　　　　　　　　　　责任校对：任芳芳

封面设计：张爱妮　　　　　　　　　　　　　　　　版式设计：张爱妮

ISBN 978-7-5632-4660-1　　　定价：28.00元

前言

习近平总书记强调："不断加强和改进新时代学校思想政治教育，教育引导青少年学生坚定马克思主义信仰、中国特色社会主义信念、中华民族伟大复兴信心"。而思政课正是落实立德树人、培根铸魂的关键课程。好的思政课是一场不断投入实践的接力，就像一束温暖的光照亮前行的路，激励着广大青年在祖国大地上留下青春中国生生不息的足迹。不断加强和改进新时代学校思想政治教育，发挥"大思政课"在高校思想政治教育中的重要作用，是新时代新征程上思想政治课建设面临的新任务，必须要有新气象新作为。

基于思想政治教育的时代特征以及新时期青年学生的需求变化，本书深入调查与分析新时代高校思想政治教育亲和力的现状，揭示当前高校思想政治教育亲和力提升存在的问题与原因，在总结国外高校提升思想政治教育亲和力的经验与启示的基础上，融合心理学、教育学、中华优秀传统文化等方面的相关思想，从思想政治教育者、教育目标、教育内容、教育方法、教育环境五个方面提出新时代高校思想政治教育亲和力的提升路径，为高校思想政治教育工作者提供实践指导。本书为辽宁省社科规划基金项目（高校思政专项）"大数据视域下高校网络思想政治教育实效性研究"（项目编号：L20DSZ018）的研究成果。

提升高校思想政治教育亲和力，道阻且长，以真情讲活道理，不仅让学生爱听爱学，还要让学生听懂学会，需要久久为功。全体高校教育工作者应坚定中华民族伟大复兴的信心，坚持以文化人、以文育人，充分借鉴吸收国外先进教育思想，持续深化理论研究，创新教育方法与手段，不断提升我国高校思想政治教育亲和力的整体水平。

编　者
2025年3月

目录

第一章 绪论 ……………………………………………………… 1

　第一节 研究背景与研究意义 ……………………………… 3

　第二节 研究现状述评 ……………………………………… 6

　第三节 研究思路、研究方法与研究创新 ………………… 16

第二章 高校思想政治教育亲和力概述 ……………………… 19

　第一节 高校思想政治教育亲和力的相关概念界定 ……… 21

　第二节 高校思想政治教育亲和力的构成要素 …………… 27

　第三节 新时代高校思想政治教育亲和力的提升价值 …… 32

第三章 高校思想政治教育亲和力的理论基础 ……………… 37

　第一节 新时代思想政治教育亲和力的理论范式 ………… 39

　第二节 中华优秀传统文化中的亲和力思想 ……………… 48

　第三节 心理学视域下的亲和力理论 ……………………… 52

　第四节 教育学视域下的亲和力理论 ……………………… 57

第四章 国外高校思想教育的借鉴及启示 …………………… 61

　第一节 国外高校思想教育的借鉴 ………………………… 63

　第二节 国外高校思想教育的启示 ………………………… 78

第五章 新时代高校思想政治教育亲和力的现状调查 ……… 83

　第一节 问卷调查的基本情况 ……………………………… 85

　第二节 问卷调查的结果分析 ……………………………… 88

第六章 新时代高校思想政治教育亲和力提升的原则与路径 … 95

　第一节 新时代高校思想政治教育亲和力提升的原则 …… 97

　第二节 新时代高校思想政治教育亲和力提升的路径 …… 105

思政教师亲和力事迹 ………………………………………… 125

结语 …………………………………………………………… 143

附录 …………………………………………………………… 145

参考文献 ……………………………………………………… 149

第一章

绪论

第一节

研究背景与研究意义

一、研究背景

古人云："敬教劝学，建国之大本；兴贤育才，为政之先务。"高校思政课是高校落实立德树人根本任务的关键课程，事关高校培养什么样的人、如何培养人以及为谁培养人的根本问题，事关党和国家的前途和命运。中华人民共和国成立70余年来，高校思想政治教育适应时代要求而变化，在经历单一课程形态、课程停滞形态、多类课程形态三个发展阶段后，形成了以政治、道德和法治教育内容为主，以"形势与政策"课程为补充的更趋成熟的课程体系。2017年10月，习近平总书记在党的十九大报告中指出，"经过长期努力，中国特色社会主义进入了新时代，这是我国发展新的历史方位。"①在新的历史方位下，高校宣传思想工作面临的环境发生了深刻变化，国内外形势纷繁多变，互联网已成为舆论斗争的主战场，这在为高校思想政治教育汲取新资源、拓展新空间提供了极大便利的同时，也弱化了大学生的思想引领和价值引导。因此，新时代提升高校思想政治教育的亲和力，是回应时代课题、应对各种挑战的战略举措，也是高校思想政治教育全体师生共同面临并急需解决的现实问题。

在此背景下，习近平总书记高度重视高校思想政治教育工作，多次发表重要讲话和文章，对高校思想政治工作作出重要指示。2015年1月19日，中共中央办公厅、国务院办公厅印发了《关于进一步加强和改进新形势下高校宣传思想工作的意见》（以下简称《意见》）。《意见》深入贯彻落实了党的十八大和十八届二中、三中全会精神，就进一步加强和改进新形势下高校宣传思想工作、全面推进高校意识形态工作做了全面部署。《意见》指出，高校作为意识形态工作前沿阵地，肩负着学习研究宣传马克思主义，培育和弘扬社会主义核心价值观，为实现中华民族伟大复兴的中国梦提供人才保障和智力支持的重要任务。2016年12月7日至8日，全国高校思想政治工作会议在北京召开。习近平总书记

---

① 习近平. 习近平谈治国理政：第三卷[M]. 北京：外文出版社，2020：8.

进一步强调了高校思想政治工作的重大意义，并指出，"要用好课堂教学这个主渠道，思想政治理论课要坚持在改进中加强，提升思想政治教育亲和力和针对性，满足学生成长发展需求和期待，其他各门课都要守好一段渠、种好责任田，使各类课程与思想政治理论课同向同行，形成协同效应。"①"思想政治教育亲和力"这一概念的首次提出，为高校思想政治教育工作提供了新方向，也为开创高等教育事业发展新局面提供了新思路。2017年2月27日，中共中央、国务院印发了《关于加强和改进新形势下高校思想政治工作的意见》（以下简称《意见》）。《意见》总结了党的十八大以来高校思想政治教育工作的显著成效，明确了加强和改进高校思想政治工作的指导思想、基本原则及现实路径。《意见》指出，要建设学生真心喜爱、终身受益的高校思想政治理论课，要着力增强大学生思想政治教育针对性、实效性等。②2019年3月18日，学校思想政治理论课教师座谈会在北京召开，习近平总书记在会上不仅指出了当下思想政治教育的时代背景，即要在世界百年未有之大变局、党和国家事业发展的全局中，在坚持和发展中国特色社会主义、建设社会主义现代化强国、实现中华民族伟大复兴的高度上办好思政课，更将"推动思想政治理论课改革创新，要不断增强思政课的思想性、理论性和亲和力、针对性"③作为一个单独的问题予以阐释，并提出了"八个相统一"的具体要求。概之，这些都充分体现了以习近平同志为核心的党中央对高校思想政治教育工作的高度重视，对我们在新形势下加强和改进思想政治教育工作，确保全面贯彻党的教育方针具有十分重大而深远的意义。

二、研究意义

（一）理论意义

1.有利于深化对高校思想政治教育亲和力的理论认识

高校思想政治教育亲和力是本研究的核心概念，对于这一核心概念，学界已经开始了相关研究，但从总体上看尚不够深入。本研究将结合国内外有关研究成果，从"亲和力"元概念的解析入手，深入分析高校思想政治教育亲和力的概念内涵、构成要素、理论基础等基本内容，进而为高校思想政治教育的实证研究奠定概念基础。

2.有利于创新高校思想政治教育理论

高校思想政治教育作为一种精神性的教育实践活动，其开展总是以一定的教育理论和价值理念为引导。本研究以马克思主义理论、毛泽东思想、邓小平理论、"三个代表"重要思想、科学发展观以及习近平新时代中国特色社会主义思想为指导，站在新时代的历史境遇下审视高校思想政治教育亲和力提升的有效理论，探究新时代高校思想政治教育焕发活力的实践策略，形成了较为完整的高校思想政治教育亲和力提升理论，对于高校思想政治教育理论研究范围的拓展与基础理论研究的深化都具有积极意义。

①习近平在全国高校思想政治工作会议上强调：把思想政治工作贯穿教育教学全过程 开创我国高等教育事业发展新局面[N].人民日报，2016-12-09（1）.
②中共中央办公厅、国务院办公厅印发《关于进一步加强和改进新形势下高校宣传思想工作的意见》[EB/OL].（2015-01-19）[2024-12-05].https://www.gov.cn/xinwen/2015-01/19/content_2806397.htm
③习近平.思政课是落实立德树人根本任务的关键课程[J].求是，2020（17）：4-16.

3.有利于拓宽思想政治教育研究视野

以往的思想政治教育研究多是以演绎归纳方式进行定性研究，偏向于整合与梳理已有的研究成果，而较少采用实证研究，难以很好地满足提升高校思想政治教育亲和力的实践指导需要。本研究将通过问卷调查与统计分析的方法，将定性研究与定量研究相结合，为亲和力的学理分析提供丰富的数据支撑，进一步拓展研究的理论深度和视野，进而为思想政治教育学科研究提供理论范本。

（二）实践意义

1.有利于提升高校思想政治教育工作的实效性

高校思想政治教育实效性的提升，在于教育主体、教育客体、教育介体、教育环体等多因素的协调配合，以达到促进大学生精神解放与个性发展的目的。本研究通过对高校思想政治教育亲和力相关概念和理论的深入研究，在教育主体、教育内容、教育载体、教育环境等多个维度上提出了有针对性的提升路径，为一线的高校思想政治教育工作者提供了实践指导，进而促进了高校思想政治教育实效性的提升。

2.有利于顺应时代发展变化的现实需求

当前，在新时代下，高校思想政治教育环境发生了深刻的变化，正处于"拔节孕穗期"的大学生面临着更加复杂的意识形态斗争、社会多元思潮的冲突对立。这就要求高校思想政治教育在满足学生基本情感需求的基础上，灵活运用关心、关爱、关怀情感等隐性力量提高自身的亲和力，以达到人性化与艺术化的有机融合，真正顺应时代需求。本研究综合分析了新时代高校思想政治教育亲和力提升的背景与价值，能够为思想政治教育顺应时代发展提供理论指导。

3.有利于为全面建设社会主义现代化国家提供人才支撑

千秋基业，人才为本。目前，我国已建成世界最大规模的高等教育体系，高等教育的人才培养质量关乎国家的前途命运。唯有提升高校思想政治教育亲和力，才能满足学生成长发展的期待与需要，更好地培养出德智体美劳全面发展的现代化人才。本研究深入现实进行调查，能够从学生角度分析策略，进而提升人才培养的实效性。

第二节

研究现状述评

一、国内研究现状

（一）数据来源与研究方法

1.数据来源

本研究以中国知网数据库收录的期刊论文为数据来源，时间范围为2005年1月1日到2024年7月1日。在数据选择方面，笔者以"高校思想政治教育"及"亲和力"为搜索词，检索出相关文献732条。笔者认真阅读和仔细分析检索结果，经过人工手动筛选，在剔除非直接相关论文、重复论文、报纸、会议论文和博士、硕士学位论文后，得到有效文献423篇，基本涵盖了这一时期该领域具有代表性的研究成果。然后将这些学术期刊论文转换成"Refworks"格式并导出，转换后的文件再重新导入软件CiteSpace，设置信息挖掘的约束条件，绘制知识图谱。

2.研究方法

本研究以可视化文献分析软件CiteSpace，v.6.2.R6作为研究工具。该软件是美国德雷赛尔大学教授陈超美及其团队基于JAVA程序语言开发的一款信息可视化软件，它主要基于共引分析理论（co-citation）和寻径网络算法（pathFinder）等，对特定领域文献（集合）进行计量，以探寻出学科领域演化的关键路径及其知识拐点，并通过一系列可视化图谱的绘制来形成对学科演化潜在动力机制的分析和学科发展前沿的探测。[①]该分析工具能够精准分析信息量巨大的研究文献并绘制科学知识图谱，直观呈现已有研究成果，有利于拓宽研究视角，把握研究主题的主线、本质。本研究将中国知网数据库中检索到的有关"高校思想政治教育亲和力"研究的学术论文进行动态可视化图谱分析，科学展示既有研究的宏观结构及发展脉络，探寻新时代高校思想政治教育亲和力提升研究的热点与

---

①陈悦，陈超美，刘则渊，等.CiteSpace知识图谱的方法论功能[J].科学学研究，2015，33（2）：242-253.

发展趋势。

（二）基于CNKI和CiteSpace计量可视化功能的文献现状分析

1.文献产出时间分析

在历年发文量的变化趋势中，可以直观地看到某一研究领域的发展情况。本研究对所选取的文献展开了统计分析，得到十八年来"高校思想政治教育亲和力"研究主题的发文量趋势图，如图1-1所示。

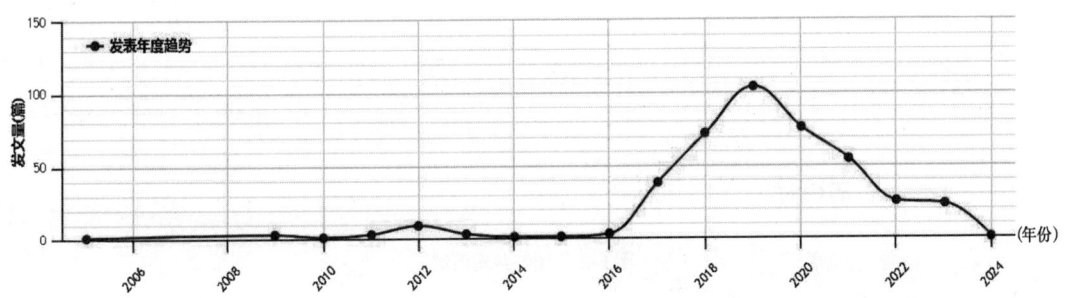

图1-1　十八年来"高校思想政治教育亲和力"研究主题的发文量趋势图

由图1-1可知，十八年来"高校思想政治教育亲和力"研究进程以2016年为分水岭。2005—2016年，关于"高校思想政治教育亲和力"的研究较少，甚至仅为个位数。2016年，"高校思想政治教育亲和力"这一概念首次正式提出。2016—2019年，关于"高校思想政治教育亲和力"的研究迅速上升，并在2019年达到研究数量最高值。2019—2024年，关于"高校思想政治教育亲和力"的研究逐渐下降。

2.作者与发文机构分析

（1）作者分析

通过对样本文献中的作者进行定量分析，不仅可以得出该领域的权威学者，还可以对学者之间的合作关系进行度量。本研究设置Node Types为Author（作者），单个时间区间长度为1年，生成了作者共现图谱（图1-2）。根据图谱分析可知，共有293个节点（作者），97条连线（合作关系），密度为0.0023。依据普莱斯定理，其计算公式为$M=0.749（A_{MAX}）^{0.5}$（M是核心作者发表的论文数量；A_{MAX}是最高产作者的发表论文量），已知$A_{MAX}=6$，代入公式计算得出$M=1.835$，即发文量在2篇以上的作者是高校思想政治教育亲和力研究领域的核心作者。因此，可以得知，研究"高校思想政治教育亲和力"的核心作者为沈光、王思秀、黄步军、周建祥；各作者间的研究合作较为松散。

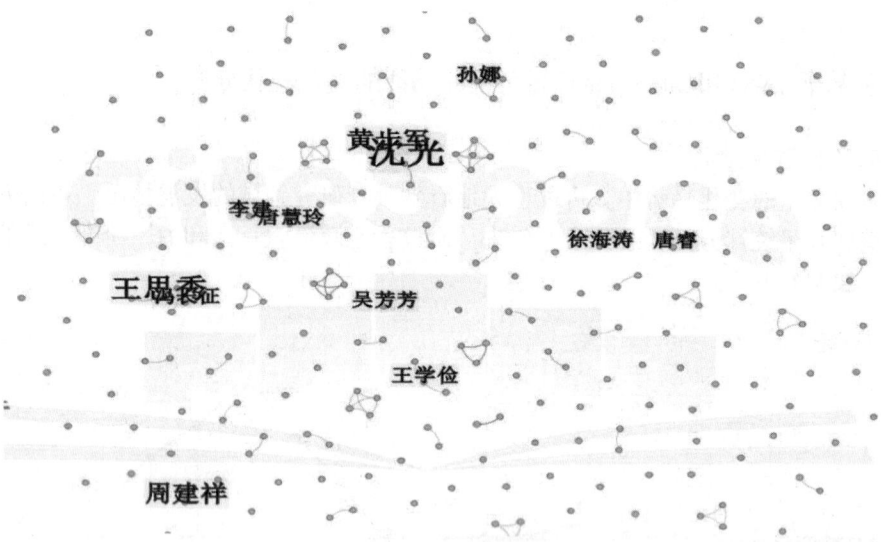

图1-2　作者共现图谱

（2）发文机构分析

对发文机构进行定量分析能在一定程度上反映出"高校思想政治教育亲和力"领域的研究布局。本研究设置Node Types为Institution（机构），单个时间区间长度为1年，生成发文机构共现图谱（图1-3）。根据图谱分析可知，共有194个节点（机构），31条连线（合作关系），密度为0.0017；兰州大学马克思主义学院、南京工业大学党委组织部、安徽师范大学马克思主义学院是发文量最多的机构，各机构间的学术联系较为分散。

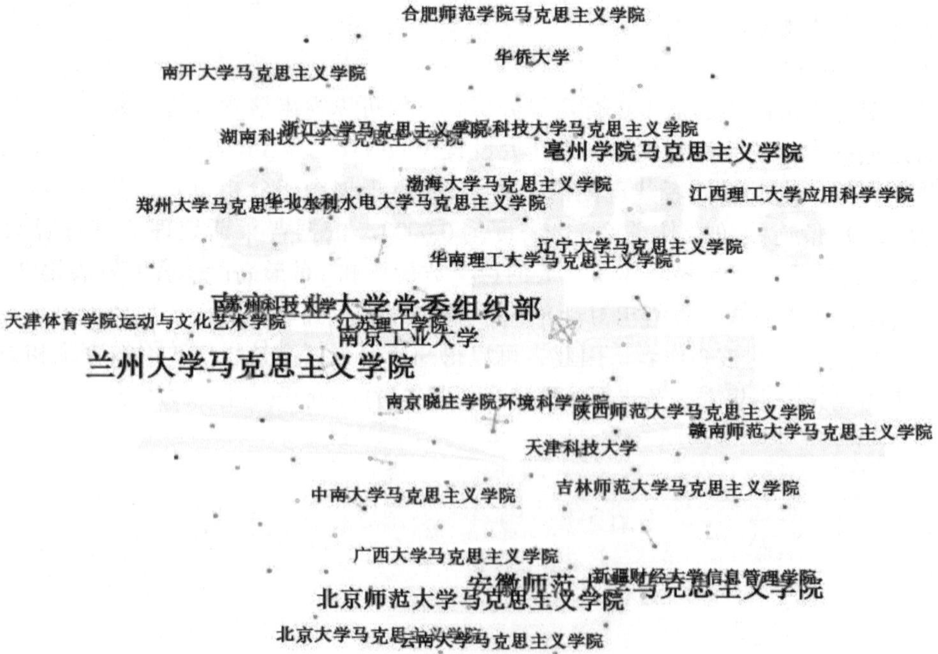

图1-3　发文机构共现图谱

3.关键词分析

运用CiteSpace对某一研究领域关键词进行分析，可以快速把握该领域的研究热点。本研究设置Node Types为Keywords（关键词），单个时间区间长度为1年，生成关键词共现图谱（图1-4）。根据图谱分析可知，共出现249个节点、407条连线，密度为0.0132；图谱分析模块值 Q=0.6824＞0.3，表明划分的关键词结构具有显著性；"亲和力""高校""新媒体"是节点较大的三个关键词，且这些高频关键词与其他关键词之间均有连线，说明其聚集程度较高。

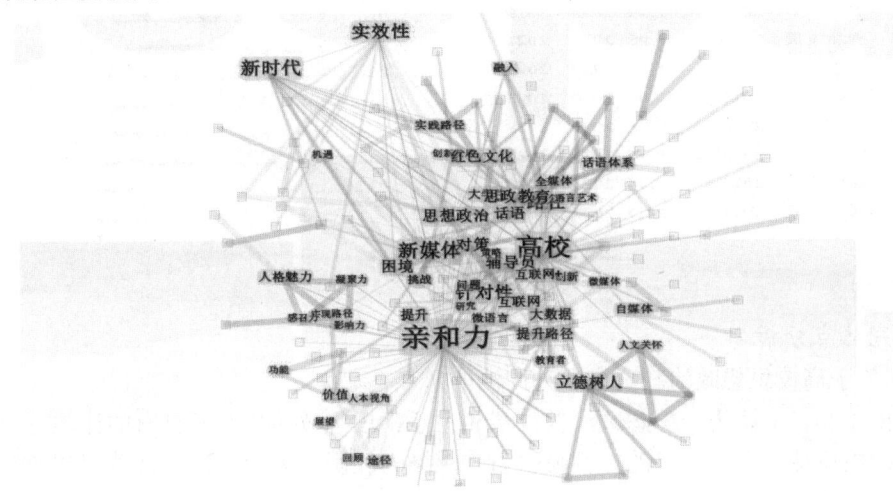

图1-4 关键词共现图谱

为了对"高校思想政治教育亲和力"研究热点进行深入分析，本研究进一步形成了关键词聚类图谱（图1-5）与关键词突变图谱（图1-6）。分析图1-5可知，平均轮廓值 S=0.9191＞0.7，聚类分析信度较高；我国关于"高校思想政治教育亲和力"的研究主要是围绕#0亲和力、#1高校、#2路径、#3挑战、#4立德树人、#5新时代等多个集群展开。分析图1-6可知，对"高校思想政治教育亲和力"的研究更注重红色文化、话语体系等。

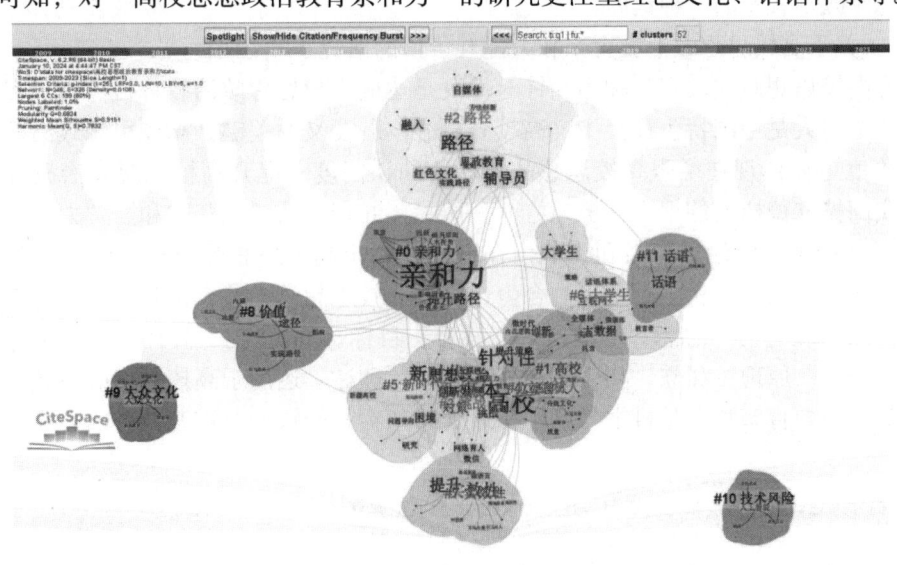

图1-5 关键词聚类图谱

Top 15 Keywords with the Strongest Citation Bursts

Keywords	Year	Strength	Begin	End	2005—2023
人格魅力	2005	1.03	2005	2017	
途径	2011	3.24	2011	2017	
辅导员	2011	1.01	2011	2012	
高校	2009	1.39	2013	2014	
机遇	2016	1.76	2016	2017	
挑战	2016	1.55	2016	2017	
针对性	2017	3.65	2018	2019	
自媒体	2018	1.19	2018	2019	
创新发展	2019	0.98	2019	2021	
立德树人	2017	1.51	2020	2023	
话语	2019	1.09	2020	2023	
全媒体	2020	0.98	2020	2023	
融入	2018	0.96	2020	2021	
红色文化	2021	2.24	2021	2023	
话语体系	2021	1.5	2021	2023	

图1-6　关键词突变图谱

4.研究热点分析

（1）关于高校思想政治教育亲和力内涵的研究

白显良（2017）认为，思想政治教育亲和力意指思想政治教育所具有的让教育对象主动趋近、积极悦纳、高度认可的一种吸引力、感染力和影响力，它既体现着思想政治教育的整体特性，也规定着要素特质。①庞桂甲（2017）认为，思想政治教育亲和力就是思想政治教育对教育对象的感染力、吸引力、渗透力，表现为教育对象对教育内容和教育活动的亲近感、趋同感和接受度。根据表现形式的不同，思想政治教育亲和力包括思想政治教育内容亲和力、教师人格亲和力、话语亲和力等。②王学俭、阿剑波（2017）认为，思想政治教育亲和力是指思想政治教育对于思想政治教育客体所具有的吸引力、感染力和说服力，集中表现在思想政治教育客体对思想政治教育的亲近感和接受度上，是思想政治教育客体对思想政治教育的一种认同。③

（2）关于高校思想政治教育亲和力提升价值的研究

提升高校思想政治教育亲和力和针对性既是达成高校思想政治教育目标的重点，也是强化"立德树人是中国特色社会主义高校立身之本"要义的关键。高校思想政治教育亲和力提升价值主要体现在增强高校思想政治教育的认同度、提升高校思想政治教育的有效性、落实高校立德树人的根本任务三方面。唐斌（2018）从"亲""和""力"三方面深入分析了高校思想政治教育亲和力的内在逻辑，指出高校思想政治教育亲和力是建立在"亲""和""力"三者基础之上的合力，提升高校思想政治教育亲和力，才能真正实现高校思想政治教育的"思想""政治""教育"目标。④高晗雯、林伟（2020）将和合文化中的"五和"原理（和立、和生、和处、和爱、和达）运用于高校思想政治教育，指出高校思想政治教育亲和力是科学与艺术相结合的产物，能够触及被教育者的心灵，而追求

①白显良.提升思想政治教育亲和力需把握的几重关系[J].思想理论教育，2017（4）：17-22.

②庞桂甲.论思想政治教育亲和力[J].思想教育研究，2017（5）：15-18.

③王学俭，阿剑波.提升高校思想政治教育亲和力和针对性的思考[J].学校党建与思想教育，2017（19）：26-28+32.

④唐斌.高校思想政治教育亲和力及其内在逻辑研究[J].学术论坛，2018，41（6）：170-175.

"真善美"则是高校思想政治教育亲和力的核心价值。①

（3）关于高校思想政治教育亲和力提升机遇与挑战的研究

张亮（2018）从新媒体语境的现实角度审视高校思想政治教育亲和力的机遇与困境，认为在新媒体时代，思想政治教育原有的实效性在教育环境为新媒体所解构的情况下大幅度降低，教育者、教育对象及教育环境之间的一致性关系被打破，高校思想政治教育亲和力存在教育主体吸引力增强、教育时效提升、教育形式丰富的机遇，也面临亲和力"形成难""圈层化"的困境。②高晓玲、李后强（2023）分析了科技革命背景下情感智能在多模态情感识别、多样式情感计算等方面的发展，指出情感智能赋予了思想政治教育亲和力提升新手段和新思路，为其带来了新的契机和助力。③赵奚赟（2019）认为，互联网技术的发展和各类新媒体技术的广泛应用，提升了高校思想政治教育载体、内容和理念的亲和力，进一步提升了思想政治教育的有效性，必须坚持因事而化、因时而进、因势而新，增强思想教育供给结构对教育对象需求变化的适应性。④

（4）关于高校思想政治教育亲和力提升路径的研究

李建（2017）认为，思想政治教育亲和力是一个动态系统，包含相互叠加、交融交替的关系，可以从激发、传递、整合、调控和升华五个主要环节来把握和提升思想政治教育的亲和力。到升华环节并非亲和力运行的结束，而是下一个阶段的开始，并会强化下一个从激发到升华的过程，进而持续推动思想政治教育亲和力的提升。⑤赵天越（2020）认为，要客观看待当前高校思想政治理论课亲和力的提升现状，高度认识建构高校思想政治工作"大思政"格局的意义，从教学理念、教学内容、教学方法及教学评价等层面着力，推动思想政治理论课改革创新。⑥冯培（2017）认为，提升思想政治教育的针对性与亲和力，要把握两个重要维度：一是要审时度势，从师生的内在需求出发，精准把握师生的群体性脉动；二是要借"式"化事，积极借鉴互联网思维的传播扩展新模式，精心引领师生的时代性心动。⑦

（5）关于高校思想政治教育亲和力与新兴技术相结合的研究

柴素芳、刘培（2017）提出以微信为载体加强大学生思想政治教育，并采取理论与实证研究相结合的方法，提出了以微信为载体增强高校思想政治教育亲和力与实效性的路径。⑧张亮（2018）分析了新媒体时代的特征，在这一基础上探析了新媒体语境下高校思想政治教育亲和力完成话语转变的实现路径，即权力话语向权利话语转变、宏大叙事话语向微小叙事话语转变、文本话语向形象话语转变。⑨许敬（2020）认为，借助大数据技术与互联网平台提升思政教育的亲和力，是一个既顺应当下时代环境特点，又遵循大学生心

①高晗雯，林伟.和合文化视阈下提升高校思想政治教育亲和力探析[J].广西社会科学，2020（4）：184-188.

②张亮.新媒体语境下高校思想政治教育亲和力的现实审视及实现路径[J].中南大学学报（社会科学版），2018，24（2）：134-140.

③高晓玲，李后强.情感智能驱动高校思想政治教育亲和力探析[J].学校党建与思想教育，2023（2）：18-21.

④赵奚赟.高校思政教育如何提升亲和力[J].人民论坛，2019（9）：122-123.

⑤李建.思想政治教育亲和力主要特点及提升路径探析[J].毛泽东思想研究，2017，34（4）：153-157.

⑥赵天越.高校思想政治理论课亲和力提升策略[J].现代教育管理，2020（4）：82-88.

⑦冯培.审时度势借"式"化事提升思想政治教育的针对性与亲和力[J].思想理论教育导刊，2017，（1）：35-38.

⑧柴素芳，刘培.以微信为载体增强高校思想政治教育的亲和力与实效性[J].河北大学学报（哲学社会科学版），2017，42（2）：37-45.

⑨张亮.新媒体语境下高校思想政治教育亲和力的现实审视及实现路径[J].中南大学学报（社会科学版），2018，24（2）：134-140.

理、思想发展特点的有力和有效途径，要活化思政教育方式、提高思政教育工作者的素质和能力、有的放矢地解决学生的思政问题。[①]

（三）研究结论

本研究基于CNKI的可视化功能以及CiteSpace对十八年来知网收录的"高校思想政治教育亲和力"研究相关文献进行分析，得出以下结论。

第一，在研究趋势上，以2016年为分水岭，高校思想政治教育亲和力研究的发文量呈现"平稳保持—快速增长—平稳回落"的趋势。第二，在作者及机构上，出现大量代表性作者和机构，但不同作者与机构之间缺乏交流，合作较少，尚未形成稳定的核心作者合作群及机构合作群。因此，在未来的研究中，要加强各作者及机构之间的交流，推动学术资源共享，形成学术研究合力。第三，在研究关键词上，关键词随着我国不同时期的具体政策而变化发展，体现出一定的问题意识。

二、国外研究现状

（一）国外关于亲和力概念的界定

美国心理学家艾伯特·梅拉比安（Albert Mehrabian）所作的《无声的信息》（Silent Message）一书中，immediacy一词表示"亲和力"，他指出亲和力是一种交流行为，诞生于人类的社会交往中，且能增进与他人的亲近感和交往，并缩短交流行为的人际距离。[②]梅拉比安指出，亲和力可以通过言语手段及非言语手段来呈现，他也在书中对非言语亲和力进行了细腻的刻画。另一位亲和力研究先驱珍妮丝·安德森将非言语亲和力定义为能够传递温暖、支持的正向情感。此后，亲和力的概念广泛应用于教育学、社会学等领域，关于亲和力的跨学科研究也开始出现。

（二）国外关于思想政治教育亲和力的相关理论思想

国外关于思想政治教育亲和力的相关理论思想，主要体现于人本主义的教育思想和德育理论等方面。以下主要列举苏格拉底的教育思想、价值澄清理论、马斯洛需求层次理论和杜威实用主义教育理论四个方面。

1.苏格拉底的教育思想

苏格拉底是著名的古希腊思想家、哲学家和教育家，他所提倡的"美德即知识""产婆术"对提升思想政治教育的亲和力具有重要启示。其一是"美德即知识"。"美德即知识"是苏格拉底道德哲学的核心，记录于柏拉图的著作《美诺篇》中。"美德即知识"，即美德的本性是知识，人的理智本性与道德本性相统一，体现出对良好道德品质和价值观的重视与追求。在思想政治教育中，教师可通过对道德和价值观的讨论和分析，增强思想政治教育的亲和力，培养学生的社会责任感。其二是"产婆术"。"产婆术"又叫"理智助产术""精神助产术"，是通过讨论、问答甚至辩论的方式来引导对方得出正确答案的方法，主要有"讥讽—助产—归纳—定义"四阶段。在思想政治教育中，教师可以采用这种启发式和互动式的教学方法，在提升课堂活跃度的同时，培养学生的思维能力和自主学

①许敬.大数据与互联网时代高校思想政治教育亲和力提升研究[J].黑龙江教育（理论与实践），2020（1）：46-47.

②MEHRABIAN A. Silent Message[M]. Belmont：Wadsworth Publishing Company，1971.

习能力。

2.价值澄清理论

价值澄清理论产生于20世纪30年代的美国，当时正是新旧德育理念转变之时，赫尔巴特的权威灌输理论受到广泛批评，一些教育家尝试用对概念进行多样化分析的方法来调动学生的主动性，改变硬性灌输。50年代后，以路易斯·拉斯、梅里尔·哈明、悉米·西蒙、基尔申·鲍姆为代表的价值澄清学派诞生了，他们的代表作为《价值与教学》。价值澄清理论认为，价值澄清有关注生活、接受现实、启发思考、培养能力四大要素；有选择、珍视、行动三大阶段；在价值观形成的过程中，应通过分析与评价的手段帮助人们减少价值混乱，促进其价值观的形成。正如路易斯·拉斯所指出的，"每个人都有自己的价值观，并且，每个人都按照他自己的价值观行事""价值观是不能也不应该被传授和灌输给某个人"[①]。该理论产生以后，由于其强调尊重学生的主体意识和价值选择，反对死板生硬的灌输方式，顺应了社会进步与追求个性自由的要求，在当时的西方学校教育中形成了极为广泛、深刻的影响。同时，它对于我国学校德育在社会主义市场经济条件下如何顺应时代要求去进行德育内容和方法手段的变革，有着重要的启示意义。

3.马斯洛需求层次理论

马斯洛需求层次理论由美国著名心理学家亚伯拉罕·马斯洛于1953年在《人类激励理论》一文中提出，起初包括人类需求的五阶模型（图1-7）。从层次结构的底部向上，需求分别为：生理、安全、归属、尊重、自我实现。其中，前四个通常称为缺失的需求，最后一个称为成长的需求。之后，该五阶段模型扩展为八阶模型（图1-8）。在上述几种层次的需求中，除最基础的生理需求外，其余的需求形式都以显在或潜在的形式要求亲和力的必然存在。例如，在爱情、友情这一类的归属需求中，亲和力是这些情感产生并得以维系的"润滑剂"。可以说，人类需求的层次越高，对亲和力的摄取渴望就越强，亲和力也因此成为实现高水平个人需求的必然情感产物。

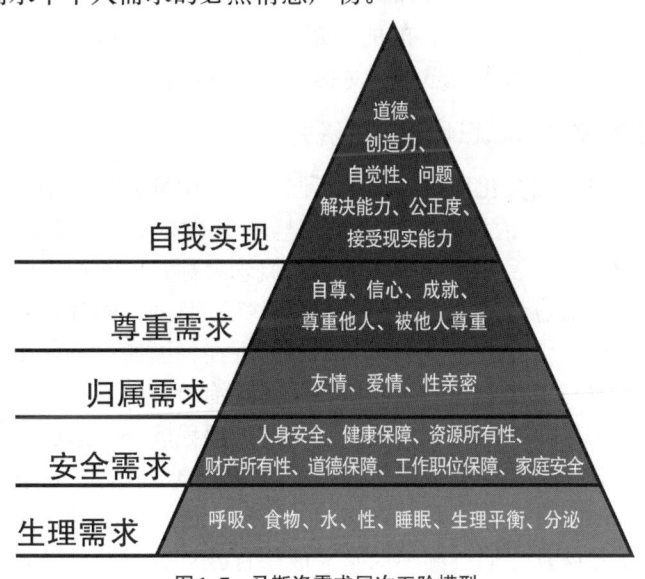

图1-7　马斯洛需求层次五阶模型

---

① 冯文全.论拉斯的价值澄清德育思想及其启示[J].比较教育研究，2005（1）：54-57.

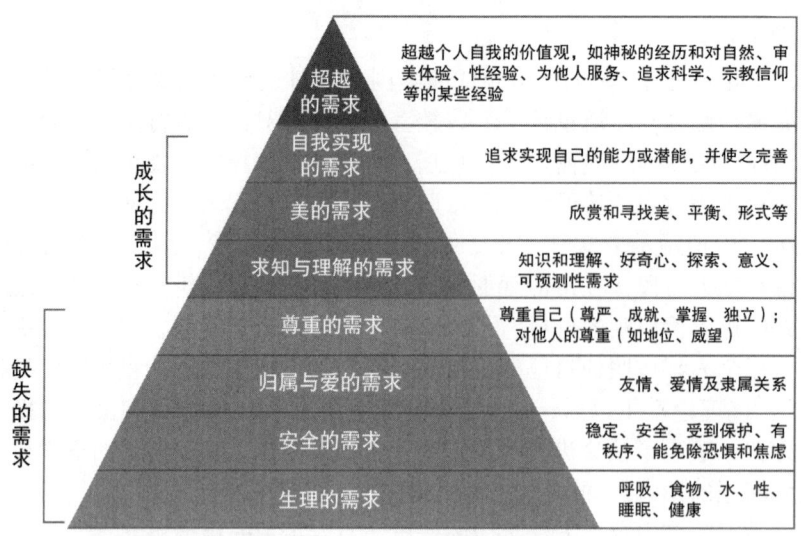

图1-8　马斯洛需求层次八阶模型

4.杜威实用主义教育理论

杜威是美国著名的哲学家、教育家和心理学家，他的实用主义教育理论受到不可知论、实用主义哲学及机能心理学等影响，强调用经验的方法考察教育的意义与价值。杜威认为，经验方法在哲学思考中居于核心地位，在哲学思考中应始终保持对经验整体动态过程的关注和理解，从而更深入地揭示经验的本质和意义。此外，杜威批判了传统的"从听中学"的被动方法，提出"从做中学""教育即生长""教育即发展"等著名命题，指出，"'从做中学'涉及一切活动，它包括使用的材料、用具以及使用有意识地用以获得结果的各种技巧，它涉及各种用工具和材料去进行的表现和创造，各种形式的艺术活动和手工活动，只要它们包括了为达到目的的有意识或深思熟虑的努力。"[①]这些理论都体现了杜威推行德育民主化、生活化的思想，对提升思想政治教育亲和力具有重要启示。

（三）国外不同国家的思想政治教育研究

由于国家的意识形态和文化历史发展的不同，西方国家并没有明确的关于"思想政治教育"或者是"高校思想政治教育亲和力"这样的专有概念，而更多采用"公民教育""价值观教育""通识教育"等概念。虽然这些概念名称及内涵在不同国家是不一样的，但其本身在维护国家主流意识形态方面都具有同质性。此外，国外鲜有关于高校思想政治教育亲和力提升的研究，仅有的极少数研究主要体现在各国通过开展相关课程和实践活动来提高学生的知识水平与道德素养，从而提升思想政治教育的亲和力。例如，美国的公民教育侧重品格教育与公民精神的培养，通常围绕通识课程展开，通过学习本国与外国的历史文化来培养学生的公民精神；英国思想政治教育突出绅士教育，将学生的人文社科课程与健康教育、职业道德教育等相结合，以实现"智慧、德行、学问、礼仪"的德育目标；日本更加注重运用第二课堂，通过第二课堂完成德育教育，激发学生的学习积极性。以上关于美国、英国、日本思想政治教育的比较会在本书第三章中详细阐释，在这里不再

①杜威.学校与社会：明日之学校[M].北京：人民教育出版社，1994：52.

赘述。

总体而言，国外关于思想政治教育亲和力的相关理论和思想对我国高校思想政治教育亲和力的提升具有一定的参考意义，如更加注重人的自由发展、反对灌输式教育、提倡关注学生内心等。但在借鉴过程中要坚持马克思主义立场，注意因地制宜，批判借鉴相关理论经验，否则就容易滑向极端个人主义和利己主义。

三、研究述评

经过对已有国内外研究的梳理发现，随着"思想政治教育亲和力"概念的提出，思想政治教育亲和力研究在学术界已成为热点问题，形成了一定的研究增量，并呈现出研究主题多元化、研究论域多样化的特征，这为进一步优化和深入研究提供了有益的参考和借鉴。然而，由于高校思想政治教育亲和力的研究尚处于发展阶段，还有以下问题需要进一步改进。第一，研究方法比较单一。现有的研究大多遵循演绎、概括、抽象的思维方式进行规范研究，停留于对已有研究成果的整合与梳理，较少采用实证研究，难以满足新时代高校思想政治教育亲和力提升的理论研究需要与实践指导需要。第二，研究共识尚未达成。高校思想政治教育亲和力提升研究成果的数量较以往有较大提升，但高质量研究成果较匮乏，北大核心期刊与CSSCI期刊收录的文献仅占相关文献总量的17%。特别是对于概念的研究，缺乏权威的研究框架，仍有一定数量的学者将思想政治教育亲和力等同于思想政治教育影响力、说服力，如此便造成了概念混淆与研究分歧。因此，在之后关于高校思想政治教育亲和力提升的学术研究中，应从创新研究思维和研究方法、加强作者机构交流、梳理权威研究框架等方面着手，以取得更多高质量的研究成果。

第三节

研究思路、研究方法与研究创新

一、研究思路

本研究共分为六大部分，具体内容如下：

（一）绪论

1.通过选题背景引出研究的理论意义与实践意义。

2.借助CiteSpace可视化文献分析软件梳理国内外关于高校思想政治教育亲和力的研究现状，厘清研究热点、研究前沿与研究不足。

3.介绍全文的研究思路、研究方法与研究创新。

（二）高校思想政治教育亲和力概述

1.从"亲和力"的元概念开始，阐述思想政治教育、思想政治教育亲和力、高校思想政治教育亲和力的概念，为研究奠定理论基础。

2.系统分析高校思想政治教育亲和力的构成要素，即思想政治教育者的亲和力、思想政治教育目标的亲和力、思想政治教育内容的亲和力、思想政治教育方法的亲和力以及思想政治教育环境的亲和力。

3.从不同角度分析新时代高校思想政治教育亲和力的提升价值：微观上满足大学生成长发展的需求；中观上提升高校思想政治教育的实效性，推动高校思想政治教育学科科学发展；宏观上培养全面发展的社会主义建设者和接班人。

（三）高校思想政治教育亲和力的相关理论基础

1.从习近平总书记关于思想政治教育的相关论述中寻找理论依据。

2.从中华优秀传统文化的相关思想中探索文化根基。

3.从心理学的相关理论中探索理论根基。

4.从教育学的相关理论中寻求理论支撑。

（四）国外高校思想政治教育亲和力提升的借鉴及启示

通过研究美国、日本及英国高校的思想政治教育，总结国外高校思想政治教育的启示，为我国高校思想政治教育亲和力的提升提供参考借鉴。

（五）新时代高校思想政治教育亲和力的现状调查

1.从调查对象、调查结构及调查频率分布等方面概括问卷调查的基本情况。

2.结合SPSS分析当前高校思想政治教育亲和力提升存在的问题。

3.结合问题分析原因，为下文"对症下药"奠定基础。

（六）新时代高校思想政治教育亲和力的提升原则与路径

1.指出新时代高校思想政治教育亲和力的提升原则，即政治性和思想性相统一、理论性与实践性相统一、继承性与创新性相统一、主体性与协同性相统一。

2.从高校思想政治教育亲和力的主体、内容、载体、环境及保障机制分析新时代高校思想政治教育亲和力的提升路径。

（七）结语

二、研究方法

（一）文献研究法

文献研究法，即在全面收集、充分整理、科学归纳已有研究成果基础上，形成对某一问题认知的研究方法。笔者通过广泛阅读国内外高校思想政治教育亲和力的相关政策法规、期刊文献和学者论著等资料，探寻高校思想政治教育亲和力的理论基础，进而构建起高校思想政治教育亲和力体系的大厦。

（二）跨学科研究法

跨学科研究法，即运用多学科的理论、方法和成果从整体上对某一课题进行综合研究的方法。高校思想政治教育亲和力提升是一个较为复杂的系统工程，涉及教育学、心理学、历史学等多学科，牵涉教育主体、教育内容、教育环境等诸多方面。因此，本研究采用了跨学科的综合分析方法，构筑起视野开阔的研究体系，以提升研究的综合性与有效性。

（三）调查研究法

调查研究法，即通过考察了解客观情况直接获取有关材料，并对这些材料进行分析的研究方法。本研究设计并发放《高校思想政治理论课亲和力问卷调查》，针对部分高校学生进行问卷调查，通过对有效问卷的数据分析，了解当前高校思想政治教育亲和力提升的现实境况，从而探究兼有针对性和实效性的高校思想政治教育亲和力提升策略。

（四）比较研究法

比较研究法，即根据一定的标准，对两个或两个以上有联系的事物进行考察，寻找其异同，探求普遍规律与特殊规律的研究方法。由于思想政治教育在维护国家主流意识形态方面具有同质性和共同性，因此，研究中西方思想政治教育对我国高校思想政治教育亲和力的提升有一定的借鉴意义。本研究通过对比美国、日本和英国高校的思想政治教育亲和力，来总结对我国有益的经验。

（五）科学知识图谱法

本研究选择 CiteSpace 软件为研究工具，绘制出作者、机构、关键词的科学知识图谱，并对这些知识图谱及信息展开全面深入的分析，从而找出思想政治教育亲和力的研究热点、研究前沿，预测未来的发展趋势。

三、研究创新

（一）研究内容的创新

本研究以高校思想政治教育亲和力提升为研究对象，从"高校思想政治教育亲和力"的内涵阐释出发，梳理国内外关于高校思想政治教育的相关理论阐述，剖析当前我国高校思想政治教育亲和力提升的现实境遇并寻找其中蕴含的原因，进而提出新时代推动高校思想政治教育亲和力提升的具体路径，体现了研究内容的全面性与系统性。

（二）研究视角的创新

本研究基于新时代的特定背景，对高校思想政治教育亲和力提升展开研究，这一时间限定不仅缩小了研究的时间范围，也提升了研究的准确性。此外，本研究还运用了国际视角，充分借鉴了国外高校思想政治教育的相关经验，拓展了本次研究的国际视野和理论宽度。

（三）研究方法的创新

本研究不仅运用了理论分析方法，切实把握高校思想政治教育亲和力的基本内涵、构成要素、理论基础等基本内容，同时还充分运用了调查研究的实证方法，分析当前高校思想政治教育亲和力的现状。此外，本研究还运用了比较研究的方法，横向对比国内外思想政治教育的相关内容，以获取国外思想政治教育的有益经验。

第二章

高校思想政治教育
亲和力概述

国家发展靠人才，民族振兴靠人才。我国高校承担着为国育人、为党育才的时代重任，而高校思想政治教育正是帮助大学生树立正确的世界观、人生观和价值观的主要途径。提升高校思想政治教育亲和力能够更好地发挥高校思政的育人功效。因此，准确把握高校思想政治教育亲和力的相关概念、构成要素及提升价值有着十分重要的意义。

第一节

高校思想政治教育亲和力的相关概念界定

概念是思维的工具，也是理论研究的基点。准确清晰地明确"亲和力"、"思想政治教育"、"思想政治教育亲和力"和"高校思想政治教育亲和力"等相关概念，能够更好地为提升高校思想政治教育亲和力提供理论基础。

一、亲和力

13世纪，阿尔伯特·马格纳斯将"亲和力"这一术语引入化学领域，他认为亲和力是物质相互吸引的力量，特指原子之间所展现的一种独特而紧密的相互关联特性，为后来的科学研究开辟了新的视角与思路。之后，随着相关学科和人类社会的不断发展，亲和力也逐渐由化学与生物领域延伸到人文科学、社会科学和自然科学等各个领域之中，并在心理学、社会学和教育学领域等得到了广泛使用。

在《现代汉语词典》中，亲和力被解释为："两种或两种以上的物质结合成化合物时互相作用的力；使人亲近、愿意接触的力量。"[1]前者是基于生物化学领域而言，后者则是指其被引入人文社会科学领域中拓展出来的引申意义。

从文本结构上来说，亲和力由"亲""和""力"三个字组成，在《辞海》中，"亲"可释义为"关系密切，近亲；"[2]；"和"可释义为"和顺，平和，和颜悦色；协调，和睦，和谐；平息争端，讲和；"[3]；"力"可释义为"气力，力量；指一种效能，如视力；尽力，努力，力求；能力，理解力；威力，权势，如要以理服人而不是以力服人。"[4]

① 中国社会科学院语言研究所词典编辑室.现代汉语词典[M].7版.北京：商务印书馆，2016：1057.
② 舒新城.辞海."亲"的注解[M].四川：四川人民出版社.1994：1094.
③ 舒新城.辞海."和"的注解[M].四川：四川人民出版社.1994：541.
④ 舒新城.辞海."力"的注解[M].四川：四川人民出版社.1994：755.

从心理学角度来说，亲和力是指"人与人相处时亲近的动力水平及能力"①，其本质是一种以民主平等为核心的爱的情感；从社会学角度来说，亲和力主要是指交际双方的黏合剂，是使双方能够友好保持交谈的重要保证；从教育学角度来说，"亲和力是亲近与结合的力量，是一种涵容度，体现的是工作主体与受体之间的紧密感、亲切感、信任感、互动性和接受度等"。②美国心理学家艾伯特·梅拉比安曾在《无声的信息》一书中首次使用了亲和力一词，并提出了"亲和力原则"。在他看来，亲和力是一种能够增强与他人亲近感和交往、缩短人们之间距离的交往行为。也就是说，在人们日常的社会交往过程中，亲和力是增强双方之间的吸引力、改善人际关系的言语或者非言语的表现。

总的来说，我们可以将亲和力理解为能够满足自身需要、使人感到亲近、愿意主动接触的力量。这种亲近不仅是指事物的一方亲近另一方，而是双方的互相亲近、互相满足、互相需要，是二者内外的相互统一。高校思想政治教育亲和力更多的是强调教育双方的相互吸引和相互需要，使高校思想政治教育能够被受教育者发自内心地接受、认可和需要，真正促进学生们的身心发展，满足学生们的现实需要，这既是思想政治教育具有亲和力的表现，也是提升高校思想政治教育亲和力的直接目的之一。

二、思想政治教育

当前学术界对思想政治教育概念的定义呈现着多样化的趋势，不同学者从不同角度对这一概念进行了解读和界定，在不同的概念中，思想政治教育概念的内涵都有所不同。例如，陈万柏教授与张耀灿教授在《思想政治教育学原理》中将其定义为："社会或社会群体用一定的思想观念、政治观点、道德规范，对其成员施加有目的、有计划、有组织的影响，并促使其自主地接受这种影响，从而形成符合一定社会、一定阶级所需要的思想品德的社会实践活动。"③郑永廷教授认为"思想政治教育就是要通过人的自觉选择，把社会目标通过学习、教育、实践进行内化，形成理想信念，同社会发展形成互动。"④还有学者如邓艳葵教授基于马克思主义的人与社会发展理论定义思想政治教育，认为思想政治教育是一种精神生产力，是推动社会发展的一种不可忽视的力量，⑤等等。

首都师范大学王淑芹教授将众多思想政治教育的定义大体划分为"施加论""培养论""需要论"等不同类型，并在分析各种定义的特点及不足的基础上提出思想政治教育的定义应当体现出区别于其他学科的独特特点——马克思主义学科的特点，因此，她进一步将思想政治教育定义为"围绕中国特色社会主义合格建设者和可靠接班人应具有的正确政治观、法治观和道德观而进行的理论与实践的教化活动，以促进大学生树立正确的政治观、法治观和道德观以及具有与此相应的良好品行和情操"。该定义明确了思想政治教育的内容和目标，突出了其作为马克思主义理论学科的独特特点。

综上所述，目前学术界并没有形成一个共同认可的对于思想政治教育的权威定义，但如果什么是思想政治教育都无法确定，那么思想政治教育亲和力的研究就更难以深入进行

① 白和平.地方党报"去报纸化"现象探析及对策研究[J].新闻知识，2009（3）：55-56.

② 童兵.马克思主义新闻经典教程[M].上海：复旦大学出版社，2002.

③ 陈万柏，张耀灿.思想政治教育学原理：第三卷[M].北京：高等教育出版社，2015：4.

④ 郑永廷.论思想政治教育的内涵、外延与规范[J].教学与研究，2014（11）：53-59.

⑤ 邓艳葵.关于"思想政治教育是一种精神生产力"命题的研究：基于马克思主义人与社会发展理论的探讨[J].学术论坛，2014（3）：174-176.

了。本书比较倾向于支持王淑芹教授的观点，即思想政治教育是我国独有的具有鲜明马克思主义本质特点的意识形态教育活动，与其他国家的相关教育活动存在本质的区别。一方面，我国思想政治教育活动最初就是为了宣扬马克思主义，帮助人们树立无产阶级的世界观、人生观和价值观；另一方面，思想政治教育是由中国共产党首次提出并开始使用的，从"政治工作""思想政治工作""思想教育"到1950年《中国学生当前任务的决议》中指出："中国学生必须重视思想政治教育的学习。"①"思想政治教育"才首次被提出并明确使用；1984年，教育部首次提出设立思想政治教育专业的建议和规划，开始将思想政治教育学科化；直至2005年，思想政治教育正式成为马克思主义理论类的二级学科。

因此，本书在上述观点的基础上尝试这样界定思想政治教育的概念：教育者在马克思主义理论的指引下，用符合中国特色社会主义本质要求的思想观念、政治观点和道德规范来培养学生在思想道德素质上的全面发展，使学生逐步成为社会主义合格的建设者和接班人的教育实践活动。

本书认为，思想政治教育是我国独有的具有鲜明马克思主义本质特点的意识形态教育活动，与其他国家的相关教育活动存在本质的区别。根据我国教育法之规定，国家致力于在受教育群体中推行爱国主义、集体主义及中国特色社会主义教育，并同步开展理想、道德、纪律、法治、国防和民族团结等多维度的教育。从思想政治教育的学术视角深入剖析，这些教育内容可进一步细化为以下若干核心概念：

1.爱国主义教育

爱国主义教育涵盖了中华民族悠久历史与优秀传统文化的传承、党的基本路线与社会主义现代化建设成就的展示、中国国情的深入了解以及社会主义民主与法制教育的普及。同时，爱国主义教育还包括"和平统一、一国两制"方针的教育，旨在培养学生的爱国情怀，增强学生对国家的认同感和归属感。

2.集体主义教育

集体主义教育强调尊重、关心与理解他人，倡导集体成员间的团结协作，鼓励学生为集体服务、维护集体荣誉。此外，集体主义教育还包括关心社会、为家乡与社会的公益事业贡献力量，以及正确处理个人与集体、国家利益关系的教育。这些教育内容旨在培养学生的集体主义精神，形成以集体主义为导向的人生观、价值观。

3.社会主义教育

社会主义教育是在社会主义社会形态下，反映社会主义生产方式并为社会主义建设服务的教育。它旨在培养有社会主义觉悟和掌握文化、技术的劳动者，与剥削阶级教育有本质不同。通过教育，学生得以正确理解党的基本路线，拥护党的领导，坚定走中国特色社会主义道路的信念。

4.理想教育

理想教育包括人生理想、道德理想、职业理想和社会理想的教育。其核心在于培养学生树立献身社会主义现代化建设事业的坚定信念。理想教育应与世界观、人生观教育相结合，与科学信仰教育相衔接，引导学生在社会、人生、事业等方面树立正确的理想与奋斗

---

① 冯刚，沈壮海.中华人民共和国学校德育编年史[M].北京：中国人民大学出版社，2010：7.

目标。

5.道德教育

道德教育涵盖中华民族优良传统道德的传承、社会公德教育与道德评判能力的培养、社会主义道德教育的普及以及职业道德与环境道德教育的深化。这些教育内容旨在培养学生的高尚品德与文明行为习惯，使学生形成健全的道德人格。

6.纪律与法制教育

纪律与法制教育包括宪法及有关法律常识与法规的普及、知法守法、维护社会稳定的教育以及运用法律武器自我保护和抵制违法乱纪行为的教育。通过教育，学生得以树立起社会主义民主法制观念，培养自觉遵纪守法、勇于同违法现象作斗争的品质，服从国家和集体的统一意志，具备高度的组织性和纪律性。

7.国防教育

国防教育涵盖国防意识与国家安全意识的培养、捍卫祖国独立、维护国家主权和领土完整的教育以及军民团结教育和对普通高等学校、高级中学在校生进行基本军事训练的教育。这些教育内容旨在增强学生的国防意识和国家安全意识，培养他们具备基本的军事素质和技能，使他们自觉捍卫祖国的尊严、独立和统一。

8.民族团结教育

民族团结教育包括树立马克思主义的民族观、宗教观的教育，党的民族政策和宗教政策的普及以及民族团结历史的教育。通过教育，学生得以了解我国的民族团结政策和宗教政策，树立各民族一律平等的思想，自觉维护民族团结和祖国统一。这些教育内容对培养学生的多元文化素养和包容性具有重要意义。

三、思想政治教育亲和力

关于思想政治教育亲和力的界定，学术界也有多种解读，主要是围绕着教育者、教育对象和教育活动三个因素且基本上都是从主体论、过程论和系统论的角度来进行定义的。

从主体论来讲，思想政治教育亲和力主要是指教育者自身所具有的亲和能力可影响受教育者，这种能力可使受教育者产生价值认同和行为践行，在这一视角下，思想政治教育亲和力是指"在思想政治教育过程中，教育者与教育对象交往互动产生的一种可亲可近的感染力与吸引力"[①]。

从过程论来看，一些学者认为"思想政治工作亲和力是思想政治教育实践活动对教育对象所具有的亲近、吸引、融合的倾向或特征，以及教育对象对思想政治教育实践活动产生的和谐感、亲切感、趋同感。"[②]这里主要强调的是思想政治教育实践活动与教育对象之间的互动关系，使受教育者在教育过程中深刻感受到亲和力量，进而实现情感的共鸣和价值的认同。

从系统论来看，思想政治教育亲和力依赖于各构成要素之间的有效整合和通力合作，只有各要素亲和力之间同向而行、完美配合，才能够有机会达到合理的教育效果，同时也

---

① 杨伟国，鲁一荻.论思想政治教育的亲和力[J].学校党建与思想教育，2017（7）：53-55.
② 陈桂蓉，练庆伟.反思与重构：思想政治教育亲和力价值和定位[J].闽台关系研究，2006（5）：23-27.

要注重受教育者各阶段亲和工作的相互衔接，应该促使亲和力贯穿于整个思想政治教育的过程之中。

基于以上对思想政治教育亲和力的分析，本书认为思想政治教育亲和力是指"亲和力"在思想政治教育领域的应用。具体来说，在思想政治教育的过程中，教育者在以人为本理念的指导下，不断整合优化思想政治教育的各要素，使其充分发挥亲和属性，形成积极合力，最终使教育对象对思想政治教育产生亲近感、认同感和趋同感。

在思想政治教育亲和力中，"亲"乃是亲和力的前提，是思想政治教育工作者亲和力提升路径的重要基础，其强调的是教师要亲近学生、亲近课堂、亲近生活；"和"乃是亲和力的关键，是思想政治教育工作者亲和力提升路径的重要方式，其强调教师要构建和睦相处的师生关系、和谐统一的教育目标与和而不同的教育理念；"力"乃是亲和力的旨归，是思想政治教育工作者亲和力提升路径的内在要求，其强调教师要增强理论说服力、人格感召力和教学感染力。

四、高校思想政治教育亲和力

国家发展靠人才，民族振兴需要人才。高校是我国人才培养输送的重要教育基地，因此必须做好意识形态工作，牢牢把握好政治方向。习近平总书记曾在全国高校思想政治工作会议上指出："高校思想政治工作关系高校培养什么样的人、如何培养人以及为谁培养人这一根本问题。"[1]高校思想政治教育是国家对大学生开展思想政治宣传教育工作的主要途径，这对大学生树立正确的三观以及坚定理想信念都具有关键意义，提升高校思想政治教育亲和力更有利于高校在新时代下进行教育管理工作，更有利于其完成立德树人的任务使命。

长期以来，学术界都没有对"高校思想政治教育亲和力"提出一个明确的概念。最早出现的是"高校德育亲和力"，在学者李春看来，"高校德育亲和力是以高校德育工作者的素质为前提，在德育工作过程中引发与之相适应的一种感染力、吸引力和凝聚力。"[2]他认为高校德育亲和力主要是指高校教师亲切和蔼的态度及人格魅力对受教育者的感染、吸引和号召。学者李建认为"高校思想政治教育亲和力就是高校坚持以人为本的理念，持续优化思想政治教育活动使其具有和谐与可亲近品质，推动学生接受思想政治教育的融合力量。"[3]吴潜涛教授则认为："思政课亲和力是指大学生心悦诚服地接触思政课，并被思政课的精神内涵所吸引，及大学生在思政课堂中所产生的共鸣并认同的情感趋势。"[4]这体现了思政课与受教育者之间的相互影响和共同发展。

尽管学术界对高校思想政治教育亲和力一直没有明确的定义，但是相关领域学者们的理解在某些方面也存在一些相同的看法：首先，他们认为亲和力是一种可以有效发挥出感染力、推动力和凝聚力等作用的力量；其次，他们赞同思想政治教育亲和力可以拉近师生之间的关系，能够使学生积极地参与到教育活动中来；最后，他们也赞同高校思想政治教育亲和力是教师使用合理的方式使教育活动具备一定的凝聚力和吸引力这一说法。

基于以上对高校思想政治教育亲和力概念的理解，本书认为高校思想政治教育亲和力

① 张烁.把思想政治工作贯穿教育教学全过程 开创我国高等教育事业发展新局面[N].人民日报，2016-12-09（1）.
② 李春.新时期高校德育亲和力研究[D].重庆：西南大学，2004：14.
③ 李建.高校思想政治教育亲和力的研究[D].成都：西南交通大学，2018：26.
④ 吴潜涛，王维国.增强亲和力、针对性，在改进中加强思想政治理论课[J].思想理论教育导刊，2017（2）：7.

是思想政治教育亲和力这一概念的具体延伸。其特指高校的思想政治工作者通过转变教育理念，提高自身素质，改进教育内容，丰富教育方法，拓展教育载体和优化教育环境等，使教育活动对大学生产生一种独特的吸引力、感染力、说服力、凝聚力和感召力，又指大学生对教育活动所产生的一种亲近感、趋同感、和谐感，是大学生对思想政治教育的一种认同，具体表现为大学生愿意亲近、信任教育工作者，并接受其讲授的教育内容。

新时代呼吁富有亲和力的高校思想政治教育。提升高校思想政治教育亲和力必须把握好"亲和"与"力"之间的关系，既要带给学生们亲近感，又要把握好力度。大学生作为未来社会主义的建设者和接班人，其所获得的知识信息越来越全面，拥有越来越多的自我想法，因此高校教师不能再像中小学那样以"灌输式"教育为主，而应该与学生多进行交流，在情感上彼此接纳后，再以其喜爱的方式让他们体会到思想政治教育内容的人性化、生命力，并使其领悟到思想政治教育内容的真理性和学理性，从而增强高校学生对思想政治教育活动的亲近感，更好地发挥思想政治教育对于人才培养的作用。

第二节

高校思想政治教育亲和力的构成要素

系统内部各要素的优化组合能够促使整体的功能具有趋向强化的特征。只有了解高校思想政治教育亲和力各要素的地位及作用，准确掌握高校思想政治教育亲和力各构成要素与系统之间的关系，才能实现不断提升高校思想政治教育亲和力的目标。

一、思想政治教育者的亲和力

百年教育大计，教师是核心力量。高校思想政治教育者是思想政治教育活动的组织者、实施者及调控者，包括高校思想政治教育理论课教师、学校宣传工作和学生工作的管理者。马克思曾指出："如果你先感化别人，那你就必须是一个实际上能够鼓舞和推动别人前进的人。"[1]教育主体是思想政治教育亲和力的直接发起者，代表和掌握着教育活动的发展方向与要求，他们是教育亲和力实现的核心部分，在教育过程中扮演着启发、感染、催化其他受教育群体的重要角色，并发挥协调其他亲和力要素的中枢作用，具有不可替代的功能。

对于思想政治教育工作者来说，亲和力可以理解为教师的一种独有品质或者附加值。2016年，教育部部长陈宝生强调"提升思政课的质量和水平要注重教师这个主体，解决好内功问题"。[2]具有亲和力的教师往往能够在课堂上更吸引和感染学生，使学生更愿意亲近课堂。思想政治教育者的亲和力主要包含其人格的亲和力、理论的亲和力和实践的亲和力。

首先，其人格的亲和力主要指教育者自身所具有的道德素质、性格特征等个人魅力，是由教师的性格、品行、学识和思想境界等要素综合而成的一种吸引力和影响力。教师只有具备高尚的人格魅力，才能够真正赢得学生们的尊重和认可，这直接影响到大学生对高

① 中共中央马克思恩格斯列宁斯大林著作编译局.马克思恩格斯全集：第42卷[M].北京：人民出版社，1979：155.
② 教育部.陈宝生：打一场提高高校思政课质量和水平的攻坚战[EB/OL]（2016-12-06）[2024-12-05].https://www.edu.cn/edu/jiao_yu_bu/jiang/201612/t20161206_1473456.shtml.

校思想政治教育的接受程度，同时为学生树立起正向的榜样，使学生因教师的人格魅力而"亲其师，信其道"，从而大大提升高校思想政治教育的亲和力。

其次，理论的亲和力是指教育者自身所具有的理论魅力，教师只有充分掌握思想政治教育丰富的理论和马克思主义理论知识，才能为学生讲深讲透其深刻的道理、学理、哲理，才能将理论的魅力充分展现出来。马克思曾指出："理论只要彻底，就能说服人。所谓彻底，就是要抓住事物的根本"。①教师对理论知识的透彻理解以及完美演绎，更能使学生真正感受到教师的激情和感染力，展现出思想政治教育理论的科学性和真实性，使学生喜爱和接纳教师所讲授的知识与道理，从而有助于提升高校思想政治教育的亲和力。

最后，实践的亲和力指教育者自身在教学过程中所展现的实践能力，理论归根到底是为了指导实践，教师在各类社会实践活动中要以身作则，主动创造并引领学生参与，并通过实际行动关心和感染学生，解决他们遇到的困惑和问题，使学生亲身感受新时代高校思想政治教育独有的魅力，体会思政课堂的爱与和谐，并引导学生将内化于心的理论外化于行，从而增强高校思想政治教育活动的亲和力。

二、思想政治教育目标的亲和力

高校思想政治教育目标是指"教育者根据社会的要求和人的发展要求，通过思想政治教育活动使受教育者的思想政治品德在一定时期所要达到的预期结果"。②高校思想政治教育目标犹如高校思想政治教育活动的灯塔，在具体的实践过程中起着统领作用，制约并影响着思想政治教育的其他教育因素，决定着思想政治教育的实现程度。美国教育家约翰·塞勒·布鲁贝克（John Seiler Brubacher）曾说道："目标不仅应该提供教育的方向，而且应该推动它。"③因此，我们要在思想政治教育目标的指引下，统筹各要素共同发力，提高高校思想政治教育亲和力，推动高校思想政治教育的顺利进行。

对于高校思想政治教育目标来说，亲和力主要指大学生对其能够自觉自愿地接受、赞同乃至尊崇，能够对高校思想政治教育顺利开展起到积极的引导、推动作用。高校思想政治教育目标的亲和力主要体现在以下三个方面。

首先，高校思想政治教育目标的设立与实现要能够做到有效兼顾社会目标与个人目标。因此，在实际的教学过程中，教育者要引导受教育者能够正确处理二者之间的关系，在推动受教育者积极实现社会目标的同时尊重并实现合理的个人目标，使受教育者的思想观念和行为规范朝着社会发展需要和自身成长需要的方向健康发展，推动大学生综合素质的提高。

其次，高校思想政治教育的目标应该体现时代性。改革开放以来，大学生思想政治教育目标从"四有新人"到培养全面发展的社会主义事业建设者和接班人、培养全面发展的社会主义合格建设者和可靠接班人，再到培养全面发展的中国特色社会主义事业合格建设者和可靠接班人。其目标始终与中国特色社会主义保持同行，激励着大学生在实践中充分发挥积极性和主动性，使大学生不断成长、不断进步，逐步成长为对社会有用的人，并为中华民族伟大复兴贡献出自己的力量。

① 中共中央马克思恩格斯列宁斯大林著作编译局.马克思恩格斯文集：第一卷[M].北京：人民出版社，2009：357.
② 邱伟光，张耀灿.思想政治教育学原理[M].北京：高等教育出版社，1999：182.
③ 布鲁巴克.教育目的的基本理论问题[M].北京：人民教育出版社，1989：319.

最后，在对大学生个体目标的设定上也要体现差异性。每位学生的自身情况和人生发展规划和需求各不相同，因此，具有亲和力的高校思想政治教育目标应尊重学生的独特性和创造性。要在坚持社会主义意识形态的前提下，因材施教，力求教育目标与大学生个体发展目标相契合，尊重大学生追求自我发展和自我价值的实现，为大学生合理规划其发展目标，满足其个性化发展需求，提升高校思想政治教育的亲和力。

三、思想政治教育内容的亲和力

高校思想政治教育内容是指"在思想政治教育活动中教育者所意欲传递给教育对象的思想政治观念，是连接思想政治教育者和教育对象的信息纽带，是构成思想政治教育关系的基本要素，是蕴涵教育目的的载体。"[①]思想政治教育内容是高校思想政治教育的核心，是直接体现教育活动亲和力的重要载体，体现着我党、国家和社会的意志。但思想政治教育的内容多以理论性、带有权威的学术话语为主，容易使大学生对其产生距离感。因此，如何更容易被学生理解和消化，而不是像空中楼阁一样远离学生生活，是高校思想政治教育不可回避的难题。提升教育内容的亲和力是解决这一问题的有效方法，用亲近生动的内容去贴近学生生活，引领学生的精神世界，可以提高学生对思想政治教育内容的接受程度；反之，缺乏亲和力的教育内容必然会使学生觉得乏味无趣，甚至对思想政治教育活动产生排斥和反感。

对于高校思想政治教育内容来说，亲和力主要是指教育内容要紧跟社会发展，推陈出新，适应新时代大学生的成长需求，使教育内容有滋有味，丰富大学生的精神世界。因此，高校思想政治教育内容的亲和力主要体现在其内容的中国化、时代化和生活化。

提升高校思想政治教育内容的亲和力，首先要推进其内容中国化，更加鲜明地彰显中国特色，弘扬中国立场，聚焦中国问题。以中华优秀传统文化助力高校思想政治教育，引领大学生踏入红色基地、红色纪念馆和博物馆，培养他们的文化自信，唤起大学生的民族自豪感，从而使他们坚守政治立场，并不断提高自身能力，坚定走中国特色社会主义道路，坚定不移地将"两个确立"转化为"两个维护"。

其次，要推进其内容的时代化。习近平总书记强调："马克思主义是不断发展的开放的理论，始终站在时代前沿。"[②]随着时代的发展，要对教育内容进行及时的扩充及完善，将当前的时事热点等问题及时地融入其中，向受教育者传递新思想、新观念与新知识。党的十八大以来，我国在改革开放、治国理政、内政外交方面提出了一系列新思想新战略，党的十九大正式将习近平新时代中国特色社会主义思想确立为我党必须长期坚持的指导思想，是马克思主义中国化的最新理论成果。因此，高校要不断推进马克思主义中国化时代化的最新理论成果"进教材、进课堂、进头脑"工作的开展，使大学生能够自觉用新思想武装头脑，指导实践。

最后，要推进其内容的生活化。陶行知先生曾说道："没有生活做中心的教育是死教育。"高校思想政治教育内容要切实融入日常生活中，将教学内容与生活紧密联系起来，将社会中所发生的新鲜事融入教育内容之中，提高大学生对教育内容的关注度，满足他们精神世界的发展。反之，一味地向大学生传授课本知识，会让学生认为思政教育较死板，

---

① 沈壮海.思想政治教育有效性研究[M].武汉：武汉大学出版社，2008：80-81.
② 习近平.在纪念马克思诞辰200周年大会上的讲话[N].人民日报，2018-05-05（2）.

不能满足学生的需求及猎奇的心理，从而产生心理匮乏感，并对参与教育活动丧失积极性。同时，在内容表述上要使用学生喜闻乐见的话语，将教育内容形象化，使学生从抽象、难懂的教育内容中解放出来，使其真正贴近生活、融入生活，真正帮助学生解决学习和生活中的问题和难题。这样学生才会更主动地走进并融入思想政治教育活动中。

四、思想政治教育方法的亲和力

高校思想政治教育方法是指在思想政治教育实践过程中，在马克思主义理论的指导下，教育者和受教育者为了完成一定的教育目标所采用的手段和方法，是为实现或增强教育效果而采取的手段。黑格尔曾指出："在探索的认识中，方法也就是工具，是在主体方面的某个手段，主体方面通过这个手段与客体相联系。"[①]好的教育方法在教学过程中能够达到事半功倍的效果，更有利于正确思想观念的传播，使受教育者感受到亲近和谐的力量，更乐于接受教学内容；反之，不合适的教育方法则会限制教育的力度，甚至会产生教育僵局，消解教育的实效性。因此，不断提升高校思想政治教育方法的亲和力，增强其对受教育者的吸引力，使高校师生在教育过程中建立起良好的关系，能够提升教育效果。

对于高校思想政治教育方法来说，亲和力主要是指在教育过程中其易于被大学生所接受的积极特性。具有亲和力的教育方法更有利于教育对象对教育内容产生理论认同和情感共鸣，更贴近大学生的学习实际与现实需求，更能推动高校师生之间的情感交流。新时代高校思想政治教育方法的亲和力主要体现在以下"三个融合"之中。

首先，教育方法要推动传统教学与现代技术相融合。顺应时代的发展，将多媒体、慕课、虚拟教学等技术与传统的课堂教学相融合，打破时空限制，使教学内容表现形式更加丰富，受教育者对教学内容也更加乐于接受，对其产生更大的学习兴趣，从而在体验时代进步的过程中学习。同时也要对传统的教学方法进行改造升级，将其与现代技术更好地融合起来，使受教育者对教学内容乐于接受，进一步感受到亲和力课堂的魅力。

其次，要推动理论指导与文化参与的有效融合。传统的理论指导是确保课堂内容政治方向正确的重要保证。同时，当前中华优秀传统文化也能为其理论指导提供丰富的内容，增强受教育者的文化自觉与文化自信，对提升整个社会的道德水平具有一定的积极作用。因此，以我国丰富的文化资源为切入点加强理论指导，在理论指导中融入思想政治教育内容，必将增强高校思政课堂的吸引力、影响力和感召力，同时坚持以马克思主义为指导，结合传统的文化参与和理论指导，对抵抗西方错误思想的渗透也具有一定的积极意义。

最后，要推动线上教育与线下教育的有效融合。当前数字时代的变革对高校思想政治教育工作提出了严峻的考验，加强虚拟空间意识形态的建设，已成为必然趋势。推动线下教育与线上教育的有效融合，积极融入网络，能够极大地提高教育的效率及教育双方的交互性。积极利用学习通、雨课堂等多种网络平台开设网络课程，能够推动教育双方的交流并提高教育对象的自主学习能力。未来应继续推动线下线上教育的有效融合，实现思想政治教育的全方位育人，从而进一步发挥教育者的主导作用和教育对象的主体作用。

五、思想政治教育环境的亲和力

高校思想政治教育环境是指"思想政治教育教学活动以及对思想政治教育对象的思想

---

① 中共中央马克思恩格斯列宁斯大林著作编译局.列宁全集：第55卷[M].2版.北京：人民出版社，2017：189.

品德形成和发展产生影响的一切因素的总和"。[①]辩证唯物主义认为，人创造环境，环境创造人，所有的教学活动都处于一定的环境之中，环境对教育活动具有强化、导向和感染的作用，良好的教育环境能够对大学生起到引导、鼓舞作用，对高校思想政治教育具有积极的推动作用，而消极的教育环境则会使高校思政教育的效果大打折扣。教育环境是一种在潜移默化中影响人们思想观念形成的外在力量，因此，完善现有的教育环境，提高高校思政教育环境的亲和力，将更有利于高校思政活动的开展与内容的传播。

对于高校思想政治教育环境来说，亲和力是指在教育活动中，通过对教育环境的不断优化而使受教育者产生的和谐感、亲切感，是一种帮助高校思政教育效果实现的推动力，对大学生的思想变化、健康发展起着强化剂的作用。高校思想政治教育环境的亲和力主要表现为环境的和谐性、开放性和人文性。

首先，教育环境的和谐性体现在高校校园内各类环境的协同与融合，包括课堂环境、校园环境、网络环境等。这些环境因素都会对高校思政课堂产生影响。应根据大学生群体的年龄和心理发展特征，为大学生营造和谐的氛围，使他们在轻松愉悦的环境下进行学习，从而推动思政教学活动的顺利进行。

其次，教育环境的开放性体现在高校教育环境不是一成不变的。随着时代的发展，思想政治教育环境更加丰富，越来越多的高校思政教育不再局限于课堂，而是鼓励带动学生们走向各类纪念馆、红色基地等，使大学生身临其境，在充满情感的思想政治教育环境中，将教育者传授的知识体系转化为信仰体系，进而形成坚定的理想信念和高尚的道德行为。这样不仅能激发他们的兴趣，更能够以"情"化人，从而使教育效果更好。

最后，教育环境的人文性表现在高校校园的方方面面。道路两旁的标语、楼道里的名人名句、教室内的横幅等都属于教育环境的一部分，都在无形中起着感染作用，能够使教育者和受教育者愈发感受到亲和力的力量，体验到幸福与满足，心灵上会获得更多审美上的愉悦，从而为高校思政教育顺利进行提供积极向上的氛围，能够达到更好的思想政治教育效果。

---

① 陈万柏，张耀灿.思想政治教育学原理[M].北京：高等教育出版社，2007：96.

第三节

新时代高校思想政治教育亲和力的提升价值

进入新时代以来，习近平总书记对高校思想政治教育工作提出了新的要求及阐释，他指出：“高校思想政治工作关系高校培养什么样的人、如何培养人以及为谁培养人这个根本问题。”①同时他强调：“思想政治工作从根本上说是做人的工作，必须围绕学生、关照学生、服务学生，不断提高学生思想水平、政治觉悟、道德品质、文化素养，让学生成为德才兼备、全面发展的人才。”②因此，新时代提升高校思想政治教育亲和力不仅能推动高校思想政治教育的发展，还能够助力高校完成立德树人的目标任务，推动整个社会的进步发展。

一、满足大学生成长发展的需求

“需求是个人受到某些欠缺而力求满足的心理趋向，是个人自我和外界环境在大脑中的反应。”③人的需求并非无源之水，不同时代的大学生对思想政治教育也有着不同的需求。新时代，高校思想政治教育应时刻以学生的实际需求为出发点，真正做到为学生服务，满足学生成长发展的需求与期待。

首先，提升高校思想政治教育亲和力有利于增强大学生对思想政治教育的认可。自2018年第一批“千禧宝宝”步入大学校园开始，“00”后已占据大学生的主流，他们乐于接受新鲜事物，头脑思维更加灵活，但他们的认知、心理、思想和价值观都还处于走向成熟却又不稳定的阶段，这个阶段的大学生感情脆弱、意志薄弱并且辨别真伪的能力较差。要推动这批大学生的成长和发展，教育者就必须走进学生的心灵，真正了解学生的诉求，这样才能达到教育的最佳效果。因此，提升高校思想政治教育亲和力，可以以尊重、理解、信任、关心学生为基础，进而增强大学生对思想政治教育内容和活动的理解力、认可

① 习近平.在全国高校思想政治工作会议上的讲话[N].人民日报，2016-12-09（1）.
② 习近平.在全国高校思想政治工作会议上的讲话[N].人民日报，2016-12-09（1）.
③ 张静，李苏婷.心理视角下思想政治教育亲和力的生成与培养研究[J].思想教育研究，2019（4）：08.

度、接受度和参与度，激发大学生提高自身思想品德修养的积极性和主动性，从而更加认可教育工作者的教育内容，发自内心接受高校思想政治教育。

其次，提升高校思想政治教育亲和力更有利于大学生的全面发展。当前大学生不再仅仅局限于对简单知识体系的学习，更多的是追求自身的全面发展。提升高校思想政治教育亲和力，将生活、时事与教材内容充分结合，发掘生活中的教学素材，融入学生的现实生活和内容世界，能够让大学生对思想政治教育产生兴趣并乐于接受，真正促进大学生的全面发展。因此，这不仅使大学生学到了专业知识，同时也推动大学生树立了正确的人生观，为大学生步入社会做好了充足的准备，使其最终成为社会所需要的德才兼备的人才。

最后，提升高校思想政治教育亲和力能够满足大学生的实际需要。教育的归宿在于学生的成长成才。在不同的历史时期，学生的特点和实际需求也会产生不同的变化。因此，思想政治教育活动的开展也要考虑学生实际情况的变化，不能千篇一律、固守不变，而应顺势而为，适应时代的变化，更新认知，将思想政治教育主体、对象、内容、方式、载体和环境等要素与新时代相结合，让大学生体验新时代、领悟新思想、确立新目标、开始新生活。同时，教师要真正成为大学生的良师益友，密切关注大学生成长过程中的实际需要，及时为大学生提供帮助，培养大学生成为新时代合格的"追梦人"。

因此，具有亲和力的高校思想政治教育不仅能够增强大学生对思想政治教育的认同、推动大学生的全面发展，还能满足大学生的实际需要，对大学生的成长成才产生积极的影响。

二、提升高校思想政治教育实效性

"高校思想政治理论课的教学实效性是指通过高校思想政治理论课的教学，帮助学生树立正确的世界观、人生观和价值观，运用马克思主义的基本立场、基本观点和基本方法分析问题和解决问题，从而提高认识世界和改造世界的能力，更加坚定中国特色社会主义信念。"[①]提升高校思想政治教育亲和力，是增强思政教育实效性的有效途径。新时代高校思想政治教育兼具了科学性和人文性，主要包括大学生思想政治理论教育和日常思想政治教育。因此，既要提升大学生思想政治理论教育亲和力，也要提升日常思想政治教育亲和力，将二者合理兼顾，才能更好地提升思想政治教育的实效性。

首先，提升高校思想政治教育亲和力能够增强大学生对教育内容的认同感。新时代青年大学生的知识体系、理想信念和道德水平还处于未成熟的状态，容易受到外来不良文化和资本主义意识形态的侵扰，难以对各类事物做出正确的判断，一不小心就会掉入他人陷阱，走上歧途，容易造成思想滑坡、信仰缺失问题等。而富有亲和力的高校思想政治教育，能够对大学生产生吸引力，让大学生有亲近感，从而改变大学生对传统思想政治教育的观念，以积极的心态接受思想政治教育，并将其所接受的价值观念外化为行动，进而彰显出教育的实效性。

其次，提升高校思想政治教育亲和力能够增加高校思想政治教育工作者与大学生之间的有效交流，进而缩短学生与思政课堂的距离，更好地发挥思想政治教育在指导大学生"立德树人"中的积极作用。高校思政教育工作者采用更具有亲和力的教学方法，首先可以使同学们更乐于接触和掌握思想政治教育的理论知识，对高校思想政治教育教学产生极

---

① 郭巧云.提高高校思想政治理论课教学实效性的思考[J].黑龙江教育学院学报，2016（11）：42.

大的兴趣。其次，还能够推动大学生树立坚定的理想信念、明辨是非，对党和国家更加忠诚。最后，还能增强大学生对中华优秀传统文化的认同感和抵御外来不良文化侵害的能力，为大学生树立正确的世界观、人生观和价值观奠定基础，使大学生在思政课堂上敢于表达，善于表达，进而提升高校思想政治教育的实效性。

最后，提升高校思想政治教育亲和力能够推动大学生在实践过程中对所学知识的践行。马克思主义强调意识对行为的能动作用，正确的意识对行为起着积极的促进作用，错误的意识对行为起着消极的阻碍作用。当高校思想政治教育具有亲和力，也就是思想政治教育活动与大学生之间和谐相宜，教育工作者与大学生之间相互亲近信任时，大学生就会对思想政治教育内容入脑、入心、践行，这不仅有利于教育教学活动的顺利进行，也有利于思想政治教育实效性的全面落实。

因此，具有亲和力的高校思想政治教育无论是在推动大学生对教育内容的认同方面、发挥高校"立德树人"的积极作用方面，还是在推动大学生对所学内容的践行方面，都对提升高校思想政治教育实效性发挥着重要作用。

三、推动高校思想政治教育学科的科学发展

作为中国共产党的"生命线"、高校工作的灵魂，思想政治教育应当随着社会的发展而发展，开启高校思想政治教育的新时代，推动思政学科的科学发展。党的十八大以来，加强思想政治教育亲和力得到了重视。政治认同，是新时代高校思想政治教育亲和力的重要衡量指标，是亲和力提升的重要价值标尺。提升高校思想政治教育亲和力，有利于在思想政治教育学科教学中形成一种融洽的氛围，使学生愿意去学、老师乐意去教，更好地推动师生之间的双向互动，更好地为学生服务，促进学科的发展。

首先，提升高校思想政治教育亲和力有利于教育工作者整体素质的提高。"教学相长"很好地诠释了教师与学生之间的关系，即教师和学生在教学过程中一起进步、共同提高，这对高校思想政治教育工作者提出了更高的要求。教师不再单单为学生们讲授知识，还要注重提高自身的人格魅力、语言魅力，优化教育内容，改善教学方法等，改善教师的传统形象，真正做到"亲和"，使思想政治教育理论真正走入受教育者心中。这不仅能使教育者自身的教学能力得到提升，而且也有利于思想政治教育学科的发展。

其次，提升高校思想政治教育亲和力有利于增强思想政治教育的"软实力"。高校思想政治教育亲和力反映的是高校教育者与受教育者之间的情感力量，实质上是"以人为本"教育理念的表现。教育者要不断改进自己的教学艺术，拉近与学生们的距离，成为学生们的良师益友，以一种"春风化雨""润物细无声"的教育方式感化学生。中华民族的复兴强调提高"软实力"，因为其有着"大音希声，大象无形"的作用，虽让人难以察觉，却又在实际中发挥着重大作用。因此，增强高校思想政治教育的"软实力"有利于促进思想政治教育学科的科学发展。

再次，提升高校思想政治教育亲和力有利于促进思想政治教育学科内容的丰富。思想政治教育专业设立至今大约有三十余年，虽已经建立起初步的理论研究框架，发展也取得了良好的成就，在相关问题的研究上也正逐步成熟，但随着时代的发展，高校思想政治教育不仅应着眼于当前已建立起来的马克思主义相关理论架构，还应进一步拓展专业基础理论研究视野，完善自身的专业理论体系，同时时刻关注国内外的热点问题，紧跟时事，使

新时代理论内容与高校思想政治教育有机融合在一起。研究与提升高校思想政治教育亲和力也恰恰反映了这一点。

最后，提升高校思想政治教育亲和力有利于思想政治教育学科体系的发展。随着不同学科之间的相互交流，不同学科之间的相互影响也在进一步扩大。"亲和力"作为化学领域范畴的词汇也逐渐被教育学和心理学所借鉴，而对于思想政治教育亲和力的研究在近几年才有很大的进展。思想政治教育学科相对于传统的教育学来说属于新兴学科，将亲和力纳入思想政治教育的研究范围，不仅丰富了思想政治教育学科的研究内容，还进一步推动了思想政治教育学科与其他学科的交叉融合。作为一个开放且综合性的学科，思想政治教育学科能够将其他学科的观点理念与本学科有机结合，吸收内化为本学科的知识体系，从而促进思想政治教育学科的发展。

因此，无论是推动高校教育者素质的提高、提升思想政治教育的"软实力"，还是丰富高校思想政治教育的内容及完善学科体系，这些都对推动思想政治教育学科本身的科学发展有着极大的意义。

四、培养全面发展的社会主义建设者和接班人

思想政治教育工作从本质上来讲是指做人的思想工作，2016年，习近平总书记曾在全国高校思想政治工作会议中指出："要坚持把立德树人作为中心环节，把思想政治工作贯穿教育教学全过程，实现全程育人、全方位育人，努力开创我国高等教育事业发展新局面。"[①]2017年，中共中央、国务院颁布的《关于加强和改进新形势下高校思想政治工作的意见》又指出："培养又红又专、德才兼备、全面发展的中国特色社会主义合格建设者和可靠接班人。"[②]简言之，高校思想政治教育目标就是将学生培养成社会主义的"四有新人"，成为社会主义可靠接班人。

首先，提升高校思想政治教育亲和力有利于发挥教育在新时代推动社会进步发展的作用。党的十八大以来，中国特色社会主义进入了新时代，教育也应该顺势而为，在新的历史时期做出革新。思想政治教育是社会制度与规范传递的渠道和途径，社会制度和规范也在一定程度上制约着思想政治教育的方向。提升高校思想政治教育亲和力有利于教育在培养个人的社会性和维持社会稳定性方面发挥积极作用，推进教育内容被受教育者接受，并帮助他们正确认识到自身与社会发展的关系，树立起正确的世界观、人生观和价值观，从而为社会的发展做出自己的贡献。

其次，提升高校思想政治教育亲和力能够帮助大学生树立起正确的价值观。大学生作为我国社会主义事业建设的未来主力军，良好的思想道德修养是成长成才必不可少的条件。他们的价值观契合我国社会主义核心价值观，对于社会的发展，特别是我国社会主义事业的进一步发展都有着非常明显的影响。随着经济全球化的发展，不同国家的文化和观点进入我国，并且在无形中影响了人们的日常生活。提升高校思想政治教育的亲和力，更有利于大学生接受思想政治教育，从而提升思想政治教育的水平和基本素质，进而能够更好地应对各种消极思想，帮助学生们修好品德，练好本领，这对培育全面发展的建设者和接班人有着直接且积极的影响。

---

① 习近平.在全国高校思想政治工作会议上的讲话[N].人民日报，2016-12-09（1）.
② 中共中央，国务院.关于加强和改进新形势下高校思想政治工作的意见[N].人民日报，2017-02-28（1）.

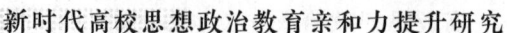

最后，提升高校思想政治教育的亲和力更有利于大学生了解中国国情及自身所肩负的重任。具有亲和力的思想政治教育课堂，能够使大学生对我们的中国故事、中国声音、中国文化更感兴趣，从而对我们的国家更加了解，坚定道路自信、理论自信、制度自信、文化自信；把握新时代新征程党的中心任务，坚定不移地把"两个确立"真正转化为坚决做到"两个维护"的思想自觉、政治自觉和行动自觉；真正了解自身所肩负的重任，并结合自身所学专业不断丰富和完善自己，使自己更加优秀，争做时代的弄潮儿、社会主义的合格建设者和接班人。

因此，具有亲和力的高校思想政治教育不仅能够推动社会发展、帮助大学生树立正确的"三观"，同时还能够使大学生了解我国国情和自身所肩负的重任，这些都对我国培育全面发展的中国特色社会主义建设者和可靠接班人有着重大意义。

第三章

高校思想政治教育
亲和力的理论基础

在全球教育变革的背景下，高校思想政治教育作为青年精神风貌与价值观塑造的关键，其亲和力的提升与深化已成为学术界关注的焦点。亲和力作为教育者与受教育者间情感联结与认知共鸣的桥梁，不仅影响教育内容的内化与外化效果，更是衡量思想政治教育成效的重要标尺。本章将深入探索高校思想政治教育亲和力的理论基础，揭示其在新时代背景下的理论范式、中华优秀传统文化中的深厚底蕴、心理学与教育学视域下的科学机理。通过这一探寻，期望挖掘出提升思想政治教育亲和力的内在逻辑与外在路径，为新时代高校思想政治教育的创新发展提供坚实的理论支撑。

第一节

新时代思想政治教育亲和力的理论范式

新时代思想政治教育亲和力的理论范式，作为新时代背景下教育创新的重要成果，其核心在于深化教育者与受教育者之间的情感联结、认知共鸣与价值认同。这一理论范式不仅是对传统思想政治教育模式的全面革新与优化，更是对教育目标、原则、内容和方法等关键要素的深刻重塑，旨在适应新时代社会的多元需求与个体发展的差异性，实现教育效果的最优化。本节将围绕新时代思想政治教育亲和力的理论范式，从四大核心维度——思想政治教育目标、原则、内容、方法出发，展开深入而系统的论述。

一、思想政治教育目标

思想政治教育目标是一定社会对教育所要造就的社会个体在思想政治品德方面的质量和规格的总的设想。思想政治教育目标从不同的维度可以分为根本目标和具体目标；社会目标、群体目标和个体目标；长期目标、中期目标和近期目标。根本目标是促进人的全面发展，具体目标则是根本目标在不同层次上的展开。社会目标是指通过思想政治教育活动使全体社会成员的思想和行为所要达到的预想效果；群体目标则是集体、单位所要达到的共同目标；个体目标是指思想政治教育针对个体所要达到的预期结果，具体为提高个体的思想道德素质，并促进科学文化素质、身体心理素质的发展，把个体培养成为适应社会发展需要的人。长期目标是指需要经过相当长时间的持续努力才能实现的思想政治教育目标，中期目标是指需要经过较长时间的努力才能实现的目标，近期目标则是思想政治教育在较短的时间内能够实现的目标。

综上所述，思想政治教育的目标是多维度的，既包括对社会整体和群体的要求，也包括对个体成长和发展的期望。

（一）培养社会主义事业建设者和接班人

教育是国之大计、党之大计。党的十八大以来，以习近平同志为核心的党中央高度重视教育工作，把教育摆在更加突出的优先发展战略地位，召开全国教育大会，印发实施《中国教育现代化2035》，开启了加快推进教育现代化、建设教育强国、办好人民满意的教育的历史新征程。十余年来，中国特色社会主义教育制度体系的主体框架基本确立，我国教育事业取得历史性成就，教育正在发生格局性变化。

制定思想政治教育目标必须以党和国家的奋斗目标、思想政治教育客体的现实思想状况、实现目标的条件为依据。[①]面对中华民族伟大复兴的时代使命和"两个一百年"奋斗目标，高等教育的人才培养目标为新时代思想政治教育的高质量发展提供了明确的方向指引。

站在为党育人、为国育才的高度，深刻思考"培养什么人"的问题是提升教育质量的重要步骤。高校思想政治教育就是要培养中国特色社会主义事业的建设者和接班人，在新时代的浪潮下，全球局势风云变幻，科技发展日新月异，社会变革的步伐日益加快。身为新时代的主力军，大学生承载着国家发展、民族复兴的重任。个人成长与国家发展、民族复兴紧密相连。当下要全面贯彻党的教育方针，落实立德树人根本任务，发展素质教育，推进教育公平，培养德智体美劳全面发展的社会主义建设者和接班人，培养一代又一代拥护中国共产党领导和我国社会主义制度，立志为中国特色社会主义奋斗终身的有用人才。这是教育工作的根本任务，也是教育现代化的方向、目标。大学生是青年群体的中坚力量，肩负着国家和民族未来发展的希望，他们的理想信念、道德情操、价值选择不仅关系到自身成长成才，更关系到党和人民事业发展后继有人这个根本大计。

因此，思想政治教育课是落实立德树人根本任务的关键课程，担负着为党育人、为国育才的重要使命。面对新时代的挑战与机遇，必须坚定不移地贯彻习近平总书记多次强调的培养社会主义事业建设者和接班人的指导思想，有效提升学生的思想政治素质，培养出更多具备坚定信仰、高尚品德和全面能力的优秀人才，为社会主义事业的蓬勃发展提供源源不断的动力。

（二）实现中华民族伟大复兴的中国梦

中华民族伟大复兴的中国梦是以习近平同志为核心的党中央提出的重大战略思想，是党和国家面向未来的政治宣言。为实现中华民族伟大复兴的中国梦而奋斗是中国青年的时代主题，尤其是在当今快速发展变化的全球背景下，青年的奋斗不仅关乎个人成长，更与国家和社会的发展紧密相连。实现中华民族伟大复兴的中国梦，是近代以来中华民族最伟大的梦想，也是新时代思想政治教育的长远目标。加强和改进思想政治工作，可以更好地激发全民族的爱国热情和创造活力，为实现中华民族伟大复兴的中国梦提供坚实的思想保障和精神动力。

新时代高校思想政治教育目标的明确具有重要价值意义。首先，新时代高校思想政治教育目标的明确为高校思想政治教育活动提供了清晰的方向和定位。在思想政治教育过程中，一个明确的目标能够确保教育内容、方法和手段与预期结果一致，从而避免教育的盲目性和随意性。其次，新时代高校思想政治教育目标的明确有助于增强高校思想政治教育的针对性和实效性。通过设定具体、可衡量的目标指标，可以更加精准地把握大学生的需求和特点，选择匹配度最高的教育内容和方式，提高高校思想政治教育的针对性和实效性，确保教育效果达到预期。此外，新时代高校思想政治教育目标的明确还有助于激发大学生的积极性和主

---

①靳玉军，周琦.思想政治教育学原理[M].重庆：西南师范大学出版社，2015：80.

动性。当大学生清楚了解高校思想政治教育的目标和意义时，他们会更加主动地参与到教育活动中来，积极思考和探索，从而更好地实现自我成长和发展。最后，新时代高校思想政治教育目标的明确也是评估和改进高校思想政治教育效果的重要依据。通过对比实际教育效果与预设目标的差距，可以及时发现高校思想政治教育中存在的问题和不足，进而采取相应的措施进行改进和优化，不断提高高校思想政治教育的质量和水平。

综上所述，新时代高校思想政治教育目标的明确对于确保高校思想政治教育的方向性、针对性和实效性具有重要意义，是加强和改进高校思想政治教育工作的必然要求。

二、思想政治教育原则

（一）坚持主导性与多样性相统一原则

主导性与多样性是事物发展的普遍样态。当下的时代场域是多元化发展的复合体，坚持思想政治教育主导性和多样性相统一的原则，是克服教育内容缺乏有效针对性和多维层次性弊病的重要方法。

思想政治教育的主导性体现为在意识形态领域要坚持维护社会主义意识形态的主导地位，要加强党对学校思想政治教育工作的领导，努力培养更多让党放心、爱国奉献、担当民族复兴重任的时代新人。2022年，习近平总书记在中国人民大学考察时强调，中国人民大学在抗日烽火中诞生，在党的关怀下发展壮大，具有光荣的革命传统和鲜明的红色基因，一定要把这一光荣传统和红色基因传承好，守好党的这块重要阵地，让听党话、跟党走的信念成为人大师生的自觉追求。同时，习近平总书记还对青年工作作出重要指示，明确指出"过去、现在、将来青年工作都是党的工作中一项战略性工作"，"建立和完善在党的领导下各部门齐抓共管青年发展事业的工作格局"①。可见，在新时代背景下，做好青年思想政治教育工作以及其他各项工作，我们必须坚定不移地全面贯彻落实以习近平同志为核心的党中央关于青年工作的决策部署。要坚持党管青年工作的原则，确保青年工作始终在党的坚强领导下进行。要用党的科学理论武装青年，引导他们树立正确的世界观、人生观和价值观。要用党的初心和使命感召青年，激发他们为实现中华民族伟大复兴的中国梦而努力奋斗的热情。

思想政治教育的多样性即根据教育对象的诉求，丰富和发展主导性的要求，更好地发挥主导性作用。要充分考虑教育内容选择的多样性、教育对象的层次性、教育环境的差异性等，这样才能更好地引导教育对象走出政治信仰迷茫、理想信念模糊、价值取向扭曲和诚信意识淡薄等困境。

（二）坚持马克思主义的指导地位原则

马克思主义是科学的世界观和方法论,是思想政治教育的重要内容和指导思想。"中国共产党为什么能，中国特色社会主义为什么好，归根到底是马克思主义行，是中国化时代化的马克思主义行。"②据此，必须用发展的马克思主义指导新的实践，并在实践中不

①让青春在强国建设、民族复兴新征程上绽放光彩[EB/OL].（2023-07-13）[2024-06-30]. http://theory.people.com.cn/GB/n1/2023/0713/c40531-40034622.html.
②习近平.高举中国特色社会主义伟大旗帜　为全面建设社会主义现代化国家而团结奋斗[N].人民日报，2022-10-26（1）.

断丰富和发展马克思主义，不断开拓马克思主义理论发展的新境界，为不断开创各项事业新局面提供科学的理论指导和强大的精神动力。

在当前全球化背景下，西方思潮的强烈涌入使得部分青年产生了崇洋媚外的倾向，他们倾向于全盘接受西方观点，甚至对中国的制度、理论、道路和文化产生了质疑，这无疑对马克思主义在意识形态领域的指导地位形成了挑战。针对这一严峻形势，我们迫切需要加强青年思想政治教育工作，以充分发挥马克思主义的引领作用，坚定不移地巩固和加强马克思主义的指导地位。具体来说，要精准运用马克思主义的立场、观点和方法，推动知识、理论和方法层面的创新。要牢牢把握马克思主义学习研究和宣传教育的根本任务，切实推动马克思主义入脑入心入行。要用习近平新时代中国特色社会主义思想为思想政治教育发展掌舵领航，充分发挥其思想穿透力、时代引领力和实践推动力，使思想政治教育更加贴合时代，更富有生命力。

（三）坚持"三全育人"

随着信息时代的迅猛发展，大数据与人工智能已深刻融入我们的日常生活，成为不可或缺的助力。它们犹如一把锋利的双刃剑，既为我们带来了前所未有的便捷，也带来了一系列不容忽视的挑战。在这个日新月异的时代，我们如何既能抓住机遇，又能勇敢面对挑战，确实是一个值得深思熟虑的重大课题。信息时代的来临，意味着海量的信息涌向我们，使我们能够轻松获取各种知识和资讯。然而，信息的泛滥和过载问题也给思想政治教育工作带来了诸多困难。在享受信息带来的便捷之余，我们不得不面对如何有效筛选和甄别信息的难题。因此，我们需要不断培养自己的批判性思维，以更好地在浩如烟海的信息世界中找到真正对我们有价值的信息。

坚持多媒体相协调的隐性教育原则，从渗透式教育、陶冶式教育和实践体验教育相结合的方式着手，运用科学的方法将教育内容内化到受教育者的教育全过程和各个环节，通过潜移默化的方式真正对受教育者产生影响，简而言之就是寓教于境、寓教于情、寓教于乐，进而推动高校思想政治工作更好地适应和满足学生成长诉求、时代发展要求以及社会进步需求。这不仅符合我国社会主义教育的本质要求，也是新时代背景下深化思想政治教育教学改革、探索育人新模式的重要途径。

三、思想政治教育内容

（一）马克思主义理论教育

马克思主义理论教育是我国思想政治教育的根本内容。习近平总书记指出，"要认真学习马克思主义理论，这是我们做好一切工作的看家本领。"①要坚持不懈传播马克思主义科学理论，抓好马克思主义理论教育，为学生一生成长奠定科学的思想基础。②这里所指的马克思主义理论教育，包括马克思主义经典著作、毛泽东思想、中国特色社会主义理论体系特别是习近平新时代中国特色社会主义思想的丰富内容。

马克思主义经典著作思想深刻，要深入理解马克思主义的精神实质和思想精髓，必须

---

① 习近平.习近平党校十九讲[M].北京：中共中央党校出版社，2014：298.
② 习近平在全国高校思想政治工作会议上强调 把思想政治工作贯穿教育教学全过程 开创我国高等教育事业发展新局面[N].人民日报，2016-12-09（1）.

专心致志地读、原原本本地读、反反复复地读，通过细嚼慢咽去感悟马克思主义经典著作历久弥新的思想价值。要重点学习马克思主义经典著作的权威性教材，特别要求精读十卷本的《马克思恩格斯文集》和五卷本的《列宁专题文集》两部文集。近代著名学者王国维提出的治学的三种境界，即有"望尽天涯路"的追求，有"衣带渐宽终不悔"的功夫，有"众里寻他千百度"的实践和"灯火阑珊处"的思考和领悟，是我们重要的学习方法。

高校要加强马克思主义理论学科建设，深入推动党的创新理论体系化、学理化研究阐释。结合国内外形势新变化和中国式现代化伟大实践新要求，创新马克思主义理论研究和建设工程，深入推进哲学社会科学创新工程，构建中国哲学社会科学自主知识体系，打造一批马克思主义理论研究学术高地，搭建新型学术共同体平台，进一步为高校思政课建设和大学生思想政治教育提供学理支撑。要坚持不懈用党的创新理论凝心铸魂，不断增强思政引领力。要抓好关键课程，强化顶层设计，遵循教书育人规律，突出教学导向，注重贴近青年学生认知特征和接受习惯，从而进一步推动党的创新理论最新成果入脑入心，用真理的力量引导青年大学生。

（二）中华优秀传统文化教育

中华优秀传统文化蕴含着深厚的历史底蕴和独特的价值观念，通过学习和体验这些文化，学生能够更深刻地理解中华民族的历史传承和文化精髓，从而增强文化自信和民族自豪感。此外，传统文化中的道德规范和行为准则，如孝道、诚信、节俭等，对学生形成良好的个人品质和社会责任感具有积极的推动作用。

中华优秀传统文化强调家国情怀和以天下为己任的价值导向，这与高校思想政治教育为党育人、为国育才的目标高度一致。通过强调人民的主体地位，培养学生的社会责任感和奉献精神，有助于大学生在理解人民至上价值观的基础上增强服务意识。同时，传统文化中蕴含的"厚德载物"等理念塑造了中华民族的道德标准，能够丰富高校德育的文化底蕴，助力学生正确看待社会发展目标与个人发展目标间的关系。

中华优秀传统文化中的"天下为公""天人合一"等理念，强调社会公平和人与自然和谐共生，为构建和谐社会和生态文明提供了思想基础。将其融入高校思想政治教育，有助于引导学生深刻理解"人与自然是生命共同体"的丰富内涵，进而尊重自然、顺应自然、保护自然。

中华优秀传统文化是中华文明的智慧结晶和精华所在，是中华民族的根和魂。通过在高校教育中融入中华优秀传统文化，可以促进学生的全面发展，推动高校教育的高质量发展。当然，当前高校教育中仍存在诸多问题，高校还需要从教育理念、课程体系、教学方法等方面入手，增强大学生的文化认同感与民族荣誉感。

（三）理想信念教育

理想是引领人奋勇向前的灯塔，信念是支撑人追逐梦想的不竭动力。党的十八大以来，习近平总书记高度重视理想信念教育，指出，"理想信念就是共产党人精神上的'钙'，没有理想信念，理想信念不坚定，精神上就会'缺钙'，就会得'软骨病'。"青年应该树立共产主义远大理想，坚定对马克思主义的信仰、对中国特色社会主义的信念、对实现中华民族伟大复兴中国梦的信心。

加强理想信念教育是培养合格的社会主义建设者和接班人的关键环节。理想信念是人们精神世界的核心，决定着一个人的世界观、人生观和价值观，是人们行为和实践的指南。在中国特色社会主义新时代，理想信念教育具有极其重要的意义。

理想信念教育有助于人们坚定正确的政治方向，坚定"四个自信"，从而在思想上政治上行动上同党中央保持高度一致。加强理想信念教育，可以引导人们树立社会主义核心价值观，形成共同的道德规范和行为准则，促进社会和谐稳定。理想信念教育能够激发人们为实现中华民族伟大复兴的中国梦而不懈奋斗的内生动力，推动全体人民积极投身社会主义现代化建设。加强理想信念教育，可以加深人们对中华优秀传统文化、革命文化和社会主义先进文化的认识，增强文化自信，促进文化自强。理想信念教育有助于个人形成正确的人生观和价值观，追求高尚的道德品质，实现个人的全面发展。加强理想信念教育是新时代坚持和发展中国特色社会主义的战略任务，对于培养担当民族复兴大任的时代新人，对于提升国家文化软实力、实现中华民族伟大复兴的中国梦，具有重大而深远的意义。

青年时代树立正确的理想、坚定的信念十分紧要，不仅要树立，而且要在心中扎根，一辈子都能坚持为之奋斗。[1]可见，在新时代下，面临各种风险挑战，当代青年作为实现中国梦的主要力量，必须保证自身在思想理论上的坚定和政治上的清醒，自觉投身于社会主义现代化建设，在实际行动中坚定理想信念，实现伟大梦想。

（四）"四史"教育

"四史"教育是党史、新中国史、改革开放史和社会主义发展史教育的统称。"四史"内容各有侧重，但整体讲的就是中国共产党为人民谋幸福、为民族谋复兴、为世界谋大同的实践史，中国共产党的领导是"四史"的主线。

以史鉴今、资政育人，重视从党的历史中汲取智慧和力量是中国共产党的优良传统。这既是加强党的思想理论建设的重要任务，也是增强高校思想政治工作能力和做好高校立德树人工作的有效途径。从这个角度讲，加强高校的党史、新中国史、改革开放史和社会主义发展史教育既非常重要，又非常迫切。前事不忘，后事之师。2020年，习近平总书记指出，"要把学习贯彻党的创新理论作为思想武装的重中之重，同学习马克思主义基本原理贯通起来，同学习党史、新中国史、改革开放史、社会主义发展史结合起来，同新时代我们进行伟大斗争、建设伟大工程、推进伟大事业、实现伟大梦想的丰富实践联系起来"。[2]此外，习近平总书记还在各个地方考察调研，通过讲述耳熟能详的经典的历史事件、历史人物和历史故事，来告诫广大干部和群众加强"四史"研究，赓续红色文化。在中国特色社会主义进入新时代的历史方位下，加强新时代高校"四史"教育，必须以党的教育方针为基础，以立德树人为中心任务，帮助学生树立崇高理想，培养更多德智体美劳全面发展的社会主义建设者和接班人。

（五）法治教育

法治教育在思想政治教育中非常重要，因为它不仅是培养学生法律素养的关键，也是帮助学生塑造正确世界观、人生观、价值观的重要一环。正如哲学家伯尔曼所说："法律需要被信仰，否则它形同虚设。"法治教育不仅仅是传授法律知识，更重要的是让学生理

---

①中共中央文献研究室.习近平关于青少年和共青团工作论述摘编[M].北京：中央文献出版社，2017：23.

②习近平.学史明理 学史增信 学史崇德 学史力行[J].求是，2021（13）：6.

解法律的精神，学会运用法律来维护自己的权益，同时尊重他人的权利。

　　法治教育在思想政治教育中不仅关乎学生法律知识的积累和法律素养的提升，更关乎学生法治意识的形成和法治思维的形成。通过课堂教学、实践活动、校园文化和网络教育等多种方式，法治教育已经取得了显著的成效。然而，面对未来的挑战和发展机遇，法治教育需要不断创新和发展，以适应社会发展的需要和法治建设的深入推进。

　　自党的十八大以来，以习近平同志为核心的党中央始终致力于中国特色社会主义法治体系的建设，创造性地提出了"法治国家、法治政府、法治社会一体建设"的重大战略思想，并多次强调法治教育的重要性。2017年，习近平总书记指出，"法治和德治两手抓，两手都要硬。"①此外，《中共中央关于全面推进依法治国若干重大问题的决定》《青少年法治教育大纲》《法治中国建设规划（2020—2025年）》等关于法治教育的文件相继出台，也进一步提升了推进法治教育的科学化水平。对于法治教育的推进，要养成良好法学素养，首先要打牢法学基础知识，同时要强化法学实践教学。②可以说，教科书式的文本学习是提升法律素养的基础，而在法治实践环节中应不断强化执行、维护法律的意识，形成法治思维。此外，"德法兼修"，不仅要求新时代人才具有扎实的法学专业知识，更要有良好的思想道德修养。

四、思想政治教育方法

　　在思想政治教育的过程中，要根据教育目标的不同要求、教育内容的不同特点，以及教育对象思想问题的性质、存在方式及其产生的原因等情况，选择适当的方法。在选择思想政治教育方法的过程中，需要遵循科学的方法。

　　思想政治教育的方法是指在思想政治教育活动中采用的手段、技巧和形式，以达到提高受教育者的思想政治素质的目的。思想政治教育的方法多种多样，如说服教育，通过摆事实、讲道理的方式，深入了解受教育者的思想动态，耐心细致地解决其思想问题，消解其疑虑，让受教育者明辨是非，端正思想认识；榜样示范，以先进人物和模范事迹为榜样，激发受教育者的学习热情和道德信念；情感熏陶，通过艺术形式、情感交流等方式，潜移默化地影响受教育者的思想情感；环境熏陶，营造积极健康的思想政治环境，让受教育者在潜移默化中受到教育和影响；活动体验，组织形式多样的教育活动，让受教育者亲身参与和体验，增强教育效果；实践锻炼，在社会实践中锻炼受教育者的思想政治素质，培养其解决实际问题的能力；理论学习，系统学习马克思主义理论、党和国家政策等，提高受教育者的理论素养和思想境界；时事政治教育，及时了解和分析国内外时事政治，提高受教育者的政治敏感性和判断能力。

　　综上所述，思想政治教育方法具有多维特点，要结合当前日新月异的社会现实和新时代青年的独特心理、生理特征以及成长规律，从以下几个方面进行富有前瞻性和创新性的适用方式选择：系统性的方法，思想政治教育方法是一个相互联系、相互作用的有机系统，需要综合运用多种方法才能达到最佳效果；针对性的方法，根据受教育者的思想基础、特点和需求，有针对性地选择和运用教育方法，提高教育实效；实践性的方法，思想政治教育的方法要结合实践，在实践中进行教育，提高受教育者的思想觉悟和道德素质；

---

①习近平.立德树人德法兼修抓好法治人才培养 励志勤学刻苦磨炼促进青年成长进步[N].人民日报，2017–05–04（1）.
②习近平.论坚持全面依法治国[M].北京：中央文献出版社，2020：177.

渐进性的方法，思想政治教育是一个循序渐进的过程，需要根据受教育者的接受能力，逐步提高教育要求和水平；创新性的方法，思想政治教育的方法要不断创新，适应社会发展和受教育者需求的变化，增强教育的吸引力和实效性。

（一）读书学习的方法

"我们党历来高度重视理论建设和理论教育，运用马克思主义基本原理指导中国的事情是我们的看家本领。"①大学生要学习《马克思恩格斯选集》《毛泽东思想》等马克思主义经典著作，汲取其中所蕴含的深邃理论智慧、宽广理论视野、多元论证方式及独特思考角度，以努力提升自身的思想政治理论素养。此外，大学生要"多读书""读好书"。这不仅意味着大学生应深入钻研专业书籍，以夯实专业知识基础和拓宽专业知识领域，同时也应广泛涉猎历史文化经典等时代瑰宝，以培养全面而深厚的人文素养。

（二）实践教育的方法

思想政治理论课实践教学，是指将思想政治理论课程与实际操作、社会实践相结合的一种教学模式。它旨在通过实践活动，使学生更深入地理解和掌握思想政治理论，提高分析问题和解决问题的能力。随着教育改革的不断深入，实践教学逐渐成为思想政治理论课的重要组成部分，旨在培养学生的实践能力和创新精神，促进其全面发展。

空谈误国、实干兴邦。除以上所说的"有字之书"外，还要多读"无字之书"，在实践中加强锻炼，形塑认知。"时代是思想之母，实践是理论之源。"②"重视实践育人，坚持教育同生产劳动和社会实践相结合，让学生在亲身参与中认识国情、了解社会，受教育、长才干。"③可见，思想政治教育不仅仅是一种理论上的传授，更是一种实践上的体验与深化。它必须追求"知行合一"的至高境界，将理论知识的学习与实际行动的践行紧密结合，确保二者相辅相成、相互促进。

调查研究的具体方法为思想政治实践教育提供了宝贵的指导。调查研究是党的优良传统，也是思想政治教育的重要方法。在实际工作中，既要坚持实事求是的原则，"要把实事求是贯穿到各项工作中去，经常、广泛、深入开展调查研究"④，又要根据新特点和新变化选择调查方法，提高调查的有效性。

思想政治理论课实践教学具有重要意义。首先，它有助于增强学生的实践能力和社会适应能力，使学生在实践中不断锤炼自己，提升综合素质。其次，实践教学使理论知识与实践相结合，能够激发学生的学习兴趣和积极性，使课程更加生动有趣。最后，通过实践教学，学生可以更好地理解和把握社会现实，增强对国家和社会的责任感，为未来的社会发展贡献自己的力量。

（三）榜样示范的方法

榜样示范的方法是指以榜样人物的高尚思想、模范行为、卓越成就等影响受教育者的思想、感情和行为的一种德育方法。榜样可使道德准则及行为规范具体化、形象化、人格化，因而具有极大的感染力、吸引力，为历代教育家所重视。这种方法的特点是把抽象的

①习近平.在全国党校工作会议上的讲话[J].求是，2016（9）：3-13.
②习近平.习近平谈治国理政：第三卷[M].北京：外文出版社，2020：21.
③中共中央文献研究室.习近平关于青少年和共青团工作论述摘编[M].北京：中央文献出版社，2017：77.
④习近平.在纪念陈云同志诞辰110周年座谈会上的讲话[N].人民日报，2015-06-13（1）.

道德规范和高深的政治思想原理具体化、人格化，以生动具体的典型形象影响学生心理，使教育有很强的吸引力、说服力和感染力。榜样是无声的语言，而这种无声的语言往往比有声的语言更有力量。青少年学生的可塑性大、模仿性强，有了生动具体的形象作为榜样，便容易具体地领会道德标准和行为规范，容易受到感染，容易随着学、跟着走。这样就有助于他们养成良好的道德品质和行为习惯。

"伟大时代呼唤伟大精神，崇高事业需要榜样引领。"①一方面，广大思想政治教育工作者是思想政治教育的直接示范者。这些教育工作者不仅是知识的传授者，更是价值观的引导者，他们通过自身的言行举止向学生传递着正确的道德观念、价值观念和社会责任感。2023年，习近平总书记指出，"人才培养，关键在教师。广大教师要牢记为党育人、为国育才的初心使命，以人民教育家为榜样，以德立身、以德立学、以德施教。"②另一方面，英雄楷模、功勋模范的伟大事迹也是思想政治教育的宝贵示范素材。2021年，习近平总书记指出，"在全党全社会形成崇尚先进、见贤思齐的浓厚氛围，激励广大党员、干部牢记党的性质宗旨，牢记党的初心使命，不懈奋斗，永远奋斗"。③

此外，还要注重发挥反面典型的作用，"要深刻剖析反面典型，以案例明法纪、促整改，发挥警示作用。"④例如，对消极腐败零容忍，既要打击"老虎"，又要拍打"苍蝇"，这就是对反面典型教育法的生动实践。

（四）舆论宣传的方法

新时代境遇下，青年群体普遍具有较高的教育水平，信息获取渠道广泛，且热衷于关注社会热点问题。然而，这种特质也使他们成为无良媒体和意图破坏国家意识形态安全的西方势力所关注的潜在目标，进而被煽动产生过激行为。要深刻洞察和了解青年和舆论在新时代的发展特点，"加大正面宣传和舆论引导力度，推动形成全党全社会努力办好思政课、教师认真讲好思政课、学生积极学好思政课的良好氛围"。⑤

在新时代背景下，正面宣传的核心在于广泛报道和赞扬积极、健康、向上的事物，旨在增强公众对思政课程的认同感和参与度，进一步激发人们的积极性和创造力。然而，必须强调的是，正面宣传必须坚守实事求是的原则，不仅要展现"好"的一面，更要引导青年以辩证的视角审视当前社会存在的矛盾和问题，形成既积极又理性的认识。同时，舆论引导作为另一个重要环节，通过新闻媒体等渠道，对公众意见和看法进行有目的的引导和调控。它致力于在多元声音中明确方向，为青年提供正确的价值导向和判断依据。总的来说，正面宣传和舆论引导相辅相成，二者共同作用，不仅有助于营造一个积极向上、和谐稳定的社会环境，还能推动思想政治教育的深入开展，为培养有理想、有道德、有文化、有纪律的社会主义建设者和接班人提供有力支持。

①习近平.习近平谈治国理政：第一卷[M]，北京：外文出版社，2014：159.
②习近平在北京育英学校考察时强调　争当德智体美劳全面发展的新时代好儿童 向全国广大少年儿童祝贺"六一"国际儿童节快乐[EB/OL].(2023-05-21)[2024-07-01]. https://news.cnr.cn/native/gd/sz/20230531/t20230531_526271387.shtml.
③同上.
④习近平.在"不忘初心、牢记使命"主题教育工作会议上的讲话[M].北京：人民出版社，2019：14.
⑤关于深化新时代学校思想政治理论课改革创新的若干意见[M].北京：人民出版社，2019：18.

第二节

中华优秀传统文化中的亲和力思想

中华优秀传统文化是中华民族在长期社会历史发展中积淀形成的各种思想文化的总和，包含着经济、政治、文化、教育、生态等各个方面，是我国最深厚的文化软实力。高校思想政治教育亲和力中所蕴含的许多教育理念、工作方法都汲取了中华优秀传统文化的合理成分，是对中华优秀传统文化思想中有关亲和力理念的传承与创新。

一、"仁者爱人"的民本思想

"仁者爱人"的民本思想作为中华优秀传统文化思想中的核心与精髓，有着丰富的思想内涵和当代价值，它为高校思想政治教育注重提供人文关怀提供了思想借鉴。深刻梳理和挖掘民本思想中关于"以民为本""爱民"的思想，把握其一脉相承的思想脉络和与时俱进的价值内涵，对推动高校思想政治教育工作具有重要意义。同时，构建高校思想政治教育亲和力，其实质就是坚持以人为本的原则。

民本思想古已有之，最早可追溯至尧舜禹时期。《尚书·虞夏书·尧典》记载："克明俊德，以亲九族。九族既睦，平章百姓。百姓昭明，协和万邦。黎民于变时雍。"[①]其主张通过弘扬"恭敬节俭"这一大美德，从而实现各个家族邦国协调和睦，最终使天下民众都变得友好和睦起来，这是关于民本思想较早的论述。"德惟善政，政在养民。"（《尚书·大禹谟》）"在知人，在安民。""安民则惠，黎民怀之。"（《尚书·皋陶谟》）"民惟邦本，本固邦宁"（《尚书·五子之歌》）等主张都蕴含着鲜明的民本思想，强调好的政治之道就是要体恤民力，与民休养生息，使民安居乐业。西周时期，统治者在商朝灭亡的教训中认识到民众的强大力量。因此，周公提出"以德配天""敬德保民"的教化思想，主张统治者要有德和明德，也要用道德去教化百姓，维护国家治理安定，并进一步提出"尊礼尚德"的教化主张，实行"以德治天下"的"德治"政策。春秋

---

① 龙韶华，归善斋《尚书》二典章句集解（上卷）[M].北京：社会科学文献出版社，2014：259.

战国时期，儒家代表孔子和孟子提出"以德治国""君主民本""以民为贵"，倡导仁爱思想。在进行高校思想政治教育的过程中，也应该将"育人"作为教育的核心，对学生传授知识固然重要，但学生道德品质的培养对其个人和社会的影响则更为深远。因此，我们既要注重对学生专业知识的培养，也要注重提高学生的思想政治水平和道德文化修养，培育新时代德才兼备、全面发展的青年学生。

对于用什么方法教导百姓，孔子、孟子相继提出了"有教无类""人皆可以为尧舜"等观点，肯定了人人皆可教，通过教育人人都可以去恶从善的思想。在具体的教法上，孔子主张"因材施教""分类指导"等教学方法。孔子指出"中人以上，可以语上也；中人以下，不可以语上也"（《论语·雍也》）。他主张人的智力和接受能力有所不同，对不同的人应该采用不同的教学方法，对于接受能力在中等或者中等以上水平的，可以传授难度较大或较高深的知识内容；对于能力中等或中等偏下水平的，可以教授相对简单的内容。因此，这一"因材施教""分类指导"的教学方法非常重要。

在高校思想政治教育工作中，教师也要做到因势利导、因材施教，根据大学生的成才规律与思想特点来选择教育内容与教育方法，解决他们在学习生活中所面临的思想困惑与难题。而不同时期的大学生群体在思想情感、心理变化上也不完全相同。

在我国的社会主义革命和建设时期，广大青年学生满腔革命热血，理想信念坚定，积极为争取国家独立、民族解放抛头颅洒热血，为保家卫国、建设社会主义新中国奉献青春。在改革开放的浪潮中，广大青年学生奋发向上，开拓创新，为实现祖国的繁荣昌盛、人民的安居乐业而努力奋斗。而当前新时代的大学生与前面各个时期的青年学生所处的生活环境大有不同，他们是在国家由富变强、社会更加多元开放的过程中成长起来的一代，他们朝气蓬勃、自信开朗、思维敏捷、思想活跃、视野宽广、乐于接受新鲜事物，但在当前信息泛滥的情况下，他们也容易迷失自我，产生思想迷茫或价值迷失等。

因此，在高校思想政治教育的教学过程中，教育者要充分考虑到大学生的成长规律及特点，走进大学生的生活，了解他们的个性特点及思想实际，并以此为依据来选取和解读重大理论问题和实践问题，同时要注重重大理论和实践问题与学生生活实际的联系程度，力求在阐释重大理论与实践问题过程中真正解决同学们所面临的思想困惑和现实难题。

二、"事异备变"的创新精神

"事异备变"的创新精神为高校思想政治教育的与时俱进、改革创新提供了思想借鉴。中华优秀传统文化中蕴含着丰富的"变革""发展""创新"思想，这些思想与提升高校思想政治教育亲和力的要求具有内在的相通之处，如与时俱进地修订教育内容、创新教育方法等。因此，其为提升高校思想政治教育奠定了思想基础。

"事异备变"的创新精神为高校思想政治教育的不断创新奠定了理论基础。这些思想理念与高校思想政治教育理念不谋而合。高校思想政治教育应紧扣时代脉搏，不断根据时代的发展变化而提升时效性。在战国时期，韩非子认为"古今异俗，新故异备"，因而"圣人不期修古，不法常可；论世之事，因为之备"（《韩非子·五蠹》）。他主张事物是不断变化发展的，因此不能完全按照过去的办法、规定做事，而是要根据时代的发展变化来制定相应的法度，根据社会时代情况的变化制定相应的政策。高校思想政治教育同样也受社会大环境和时代变化发展的影响，在不同时期，教育对象的思想状况以及面临的外部挑战都有所不同，因此，思想政治教育的内容和方式也应有所不同。当前，中国特色社会主义进入了新时代，我国的社会主要矛盾也发生了新的变化，思想政治教育的主要矛盾也相应地发生了变化，因此，只有不断发扬"事异备变"的创新精神，才能够书写好新时代铸魂育人的答卷。

"事异备变"的创新精神推动着高校思想政治教育根据社会与时代的发展而不断创新教育方法，使传统的教育方法焕发新的生机，同时也积极合理地尝试运用新方法，发挥教学新方法在思想政治教育过程中的育人作用。

首先，我们要继续沿用长期以来教学过程中的讲授法。讲授法作为最传统、最经典的教学方法，对增强学生们了解、认同、掌握基础知识，实现内化于心、外化于行等方面起着重要的指导作用，在历史上高校思想政治教育中也发挥着重要作用。

其次，随着社会的发展，单纯的理论讲授法已经显示出部分局限性，无法继续满足教育效果的实现，因此，高校要继续不断丰富和发展理论讲授法，实现由单纯的理论讲授到理论讲授与主题实践教育相结合，利用节假日带领学生进行"三下乡"、参观红色基地等活动，增强大学生对思想政治教育的兴趣，从而激发大学生探索新知、热爱祖国、弘扬个性、表现自我的积极性，使高校教育在理论讲授的基础上强化实践育人的效果。

最后，高校教育工作者在创新发展传统教学方法的同时，也要积极地拓展高校思想政治教育的新载体、新方法。在当前这个信息化、时代化、网络化的世界，作为网络世界的主要参与群体，大学生会受到各种纷繁复杂信息的冲击，从而为大学生高校思想政治教育工作的开展带来了机遇和挑战。因此，高校思想政治教育工作者应合理利用新媒体进行意识形态的宣传教育工作，合理利用大学生常用的平台如抖音、哔哩哔哩、知乎等推动高校思想政治教育工作的开展，同时借助"网上党课""学习强国"以及各类微信公众号等占领网络新阵地，使互联网成为高校开展思想政治教育工作的重要阵地。新时代，我们要继续发扬创新精神，与时俱进，不断增强高校思想政治教育的现实性和实效性。

三、"以人为本"的人文精神

高校思想政治教育理论课教学正是育人的活动，"以人为本"的人文精神蕴含在源远流长、博大精深的中华文化之中，是中华优秀传统文化最鲜明的特征。高校思想政治教育始终应将培养人作为核心工作任务，坚持学生的主体地位，激发学生在学习过程中的自主性、能动性。

人文精神发源于西周时期的"人为万物之最灵最贵"，并随着时间的推移在后期不断发展，对中国历史的发展产生了重大影响。春秋时期是人文精神形成和发展的重要时期，管仲提出，"夫霸王之所始，以人为本。本理则国固，本乱则国危。"这是最早的以人为本思想，该思想对后世国家的治理有着重要的意义。

作为儒家思想的代表，孔子在重视仁爱的同时，也关注到人的主体性价值。他指出："仁远乎哉？我欲仁，斯仁至矣。"（《论语·述而》）他认为仁离我们并不遥远，只要我们想达到仁，就一定能达到仁。该思想主张追求仁德的过程主要靠自身的努力，而非外界的力量，这肯定了人通过主观能动性提升道德修养的重要性，更肯定了人的主体性和主观能动性，肯定了人进行自我改造的能力，大大提升了人的地位，突出了人的主体意识。

西汉董仲舒在人与生俱来"仁义道德"的基础上提出"天地之性人为贵"的人性论思

想，高扬人的价值。东汉思想家仲长统提出"人事为本，天道为末"等主张，认为一个朝代的兴亡治乱取决于"人事"，而非"天道"，进一步肯定了人的主观能动性。

宋明时期的思想家们对人性的认识提升到新高度，将人视作"万物之灵"。南宋时期的思想家何承天指出"人非天地不生，天地非人不灵"（何承天《达性论》），主张人是天地万物的产物，离开了天地万物，人便不能生存，没有人的存在，天地万物也就失去了灵气，突出强调了人对天地万物的重要性及人区别于物的特殊性，肯定了人的价值，这在一定程度上也是对人的主体性和主观能动性的肯定，对尊重人的首创精神和发挥人的积极主动性具有重要的意义。

北宋时期周敦颐指出，"万物生生，而变化无穷焉。唯人也得其秀而最灵"，认为人是万物中"最灵"的。由此可见，中国传统文化中就有重视人、崇尚人的思想，因此当前高校思想政治教育工作也应借鉴这一点，在教学过程中凸显"以学生为本"的价值追求，坚持学生的主体地位，教育者不仅要在教育教学实践活动中充分尊重学生、关注学生、引导学生，也要充分激发学生自身的潜能。

在凸显人的主体性、发挥人的主观能动性方面，中华优秀传统文化既强调"慎独"和"自省"，也强调"躬身践行""知行合一"。首先，孔子曰："见贤思齐焉，见不贤而内自省也。"（《论语·里仁》）曾子曰："吾日三省吾身。"他们主张通过慎独自律和省察克治等方式来加强自身的道德修养。

早在春秋时期，孔子就提出："言必信，行必果。"他认为一个有修养的人，不仅要言而有信，还要落实到行动上，要言行一致，敢说敢做。墨子也曾强调："口言之，身必行之。"在儒家知行观的基础上，王守仁则进一步提出了"知行合一"的思想，他极力反对道德教育上知行不一致的现象，认为一切道德最终都应落实到个体的自觉行动上，并进一步强调"知是行之始，行是知之成"，他强调要重视人的实践性，认为人品性的获得不是经过纯粹的思维，而是通过实践获得的。

因此，提升高校思想政治教育亲和力，必须要深入挖掘学生的潜能，激发学生的主观能动性，充分发挥实践活动教育的作用，将学生所获得的理论知识真正转化为自己的能力和素质。在教学过程中，教育者要学会多借助如国内外重大事件、重要时间节点、伟人纪念日等丰富的活动形式来开展思想政治教育实践活动，发挥纪念活动在唤起集体记忆、增进文化认同等方面的特殊功能，使大学生在重要的历史节点和节日中感受到现实的价值，同时增强高校思想政治教育的吸引力和感染力。学校还可以多开展高雅艺术进校园、文化名家和非遗传承进校园、中华优秀传统文化知识竞赛等主题教育活动，使大学生在多载体实践中拓展自己的知识面，深化思想政治教育。综上所述，高校通过丰富的实践活动能够使大学生在经验层面上重温历史，感受当代中国人民幸福生活的来之不易，这是增强高校思想政治教育效果的重要方式，也是提升高校思想政治教育亲和力的重要手段。

第三节

心理学视域下的亲和力理论

　　心理学是以人的心理现象及其影响下的精神功能和行为活动为研究对象的科学，这一研究涉及知觉、认知、情绪、思维、人格、行为习惯、人际关系、社会关系等许多领域，也与许多日常生活中的领域如家庭、教育、健康、社会等有所关联。而思想政治教育的研究对象之一就是人的思想品德形成和发展的过程。二者都涉及人这一主体，在各自的研究过程中必然存在着交叉、相通的地方。因此，心理学的相关理论能够为高校思想政治教育亲和力的发展提供一些借鉴。

一、情绪情感理论

　　情绪情感是心理学的重要理论之一，"情绪和情感就是人对客观事物的态度的一种反映。"①它们反映的是人的需求和客观事物之间的联系，但情绪和情感属于两个不同的概念，两者既有区别也有联系，情绪主要是与基本生理需求相联系，是人类和动物共有的，具有易变性；情感源于情绪，是情绪体验日积月累的结果，主要与人的社会性相联系，是人类特有的心理体验，具有稳定性。情绪是情感的外现，情感的形成也离不开日常的情绪。

　　情绪情感容易受外界环境的影响并能够自行扩散，使人自身的主观认识和客观事物之间产生一种关系，而这种关系在不同的个体中也会表现出差异性和独特性。日常生活中我们快乐的微笑、愤怒的生气、恐惧的不安和悲哀的惆怅都是情绪情感的表现形式。不同形式的情绪情感影响着人们看待客观事物的态度，积极的情绪情感能够给人带来满意愉悦的内心体验，推动着个人行为活动的开展，消极的情绪情感则起着相反的作用。推动高校思想政治教育工作，一定要准确把握教育双方情感变化的规律，发挥情感在教育过程中的认知、组织、沟通与感染的功能，保护积极的情感，转化消极的情感，以情生情，寓教于

---

① 曹日昌.普通心理学（下册）[M].北京：人民教育出版社，1979：44.

乐，满足教育对象的认知与情感需要，进而增强教育成效。

情绪情感在高校思想政治教育过程中发挥着举足轻重的作用，对提升高校思想政治教育亲和力有着借鉴可取之处。首先，情绪情感影响着大学生对教育内容的认知。在不同的情绪情感下，大学生对教育内容会存在着不同的理解。"情绪是主客体分化的必要条件，同时也是认识发生的直接原因。"积极的情绪情感对教育教学有着积极的影响，在教学过程中，重视情绪情感，发挥其积极作用，能够激发学生融入教学活动，接受学习，使思想政治教育课成为一种"有情感的"课程，从而使学生在情感教学中自觉地与教师进行沟通交流，对教学内容产生正确的认知。

其次，情绪情感推动大学生接受教育内容。大学生在教育活动中往往会带着一些求知欲望、归属欲望、情感欲望等。因此，在整个教学过程中，教育者满足他们这些基本需求，进而调动他们学习的动力与能力，教育内容的接受度也会大大提高。同时，当受教育者的既有认知与新的教育内容产生矛盾时，积极的情绪情感也会使学生产生吸收知识和丰富自我的需求，从而使教育活动朝着良性的方向发展。

最后，情绪情感影响着师生关系。教育者通过提升自身的情感能力和情感教育技巧，能够有效促进和谐融洽的师生关系的形成。在教学过程中，教育者的言行举止潜移默化地影响着学生，教师对学生情绪的反映、共情、移情等能力对于营造良好和谐的师生关系至关重要。很多优秀的思政教师通过充满爱与艺术的教学技巧和自身的人格魅力、情感交往能力使学生在情感氛围中主动亲近教育活动，赢得学生的心，成为学生们的良师益友。

因此，高校思想政治教育工作者要"以思想政治教育资源为载体，通过创设有效的情境，使受教育者通过感受、关注、参与、顿悟和内省等非逻辑方法去内化思想政治教育资源，激发受教育者的积极情感，形成情感效应，并最终达到思想政治教育的目的。"[1]情感渗透是一个缓慢复杂的过程，高校要为大学生营造一个积极和谐的情感环境，推动大学生对思政教师和教育内容形成积极的正向的情感认同，并将这种情感潜移默化地转向和渗透到学生成长发展的各个方面，不断指导和规范学生的社会实践活动。

二、认知同化理论

"认知同化理论"是由美国当代著名的认知心理学家戴维·保罗·奥苏贝尔（David Pawl Ausubel）提出来的，它也被称为"有意义学习理论"。在自身主观能动性的支配下，大学生已有的认知结构各有千秋，这些会对学生的学习造成影响。学生的学习应该是有意义地接受，而不是无意义地被动盲从。

根据学习的内容，奥苏贝尔将学习分为机械学习和有意义的学习，前者指的就是我们平常所说的"死记硬背"，是一种单纯靠记忆的学习，而不去理解和学习内容复杂的内部和主题推论的学习方法；后者是指符号所代表的新知识与学习者认知结构中已有的旧知识建立起非人为性的、实质性的联系。"认知同化理论包含认知心理学和同化学习理论。……认知心理学认为学生的学习是一个主动加工信息和构建意义的过程。……同化学习理论认为学生的学习就是一个同化和发展自身认知结构的过程。"[2]学生要有意义地进行和接受学习，既要有对学习的渴望，也要能够将新知识与旧知识建立联系，产生有意

① 张梅娟.情感效应：摆脱思想政治教育困境的新视界[J].思想教育研究，2007（7）：42-45.
② 余虹.认知同化理论对高校思想政治理论课教学的启示[J].黑龙江高教研究，2014（5）：95.

义的影响。

根据学习的方式，奥苏贝尔还将学习分为接受学习和发现学习。在我看来，接受学习也可以称为一种"拿来主义"，它是指人类个体经验的获得来自学习活动之中主体对他人经验的接受，是将别人发现的经验经过掌握、占有或吸收而转化为自己经验的过程；发现学习是指"以培养探究性思维方法为目标，利用基本教材使学生通过一定的发现步骤进行学习的一种方式，其主要特点是学习的主要内容必须由学生自我发现"。①

此外，奥苏贝尔还认为学生的学习动机主要包括三大驱动动机——认知驱动力、自我增强驱动力和附属驱动力。认知驱动力是指学生们渴望认知、理解和掌握知识，以及渴望获得成熟的解决问题的心理倾向，它源于学生们的好奇心理和探究、操作、理解和应对外部环境的心理倾向，是成就动机中最重要、最稳定的驱动力；自我增强驱动力反映的是学生要求凭自己的学习才能和成就获得相应的社会地位的愿望，因为他们在未来能够获得什么样的社会地位在一定程度上取决于他们现在的学业成绩；附属驱动力是指学生为获得家长、老师或者其他人的赞扬而学习的心理倾向。

认知同化理论为提升高校思想政治教育亲和力也提供了新的方向。在进行教学时，教师要始终坚持以生为本，发挥教学的作用，实现教学的目标。首先，教师要树立以学生为本的教学观念，关注学生对思想政治教育理论课基本知识的认知过程，从而设定适合学生自身发展的教学目标。教师要推动学生进行"有意义的学习"，提高大学生对思政课堂学习的渴望，同时使学生们"发现学习"，将所学得的新知识与自身既有的认知结构完美地融合，从而提高教学效果。

其次，教师对学生的引导也要充分展现以生为本的教学过程，充分发挥好"先行组织者"的功能，为大学生塑造良好的认知结构，促进大学生有效同化思想政治教育的内容。认知同化理论认为学生的主观能动性会从根本上影响新旧知识的相互联系和相互作用，因此在教学过程中，要注意教师的"教"与学生的"学"紧密结合，发挥教师对学生有方向、有目的的引导作用，多进行鼓励式教育，满足学生的好奇心理，从而提高学生们的学习动力，使思想政治教育教学活动充满教的乐趣与学的兴趣，提升课堂的亲和力。

最后，教师在创新教学方式中也要体现人文性的教学效果。科学理论像盐，是人不可缺少的，但人不能只吃盐，最好的方式就是将盐溶解到各种美味佳肴中去，使人自然而然地吸收。思想政治教育教学要着重分析学生们的心理需求，采取适合学生心理的教学方法，例如情景教学、小组探究、提问式教学等，使学生在学习中感受到与教师之间的密切联系与亲切感，提高大学生对学习的积极主动性，推动学生进行"有意义的学习"，培养学生的探究思维，满足学生对掌握知识的渴望，运用多种教学方式增强大学生的三大驱动力，从而帮助他们树立正确的世界观、人生观和价值观。

三、需求层次理论

亚伯拉罕·马斯洛是美国著名的心理学家。1943年，他在《人类激励理论》中提出了需求层次理论，目前在学界有着广泛的应用。他将人的心理需求分为五种，即生理的需求、安全的需求、社交的需求、尊重的需求、自我实现的需求，这五种心理需求层层递进，构成了人类需求的完整的层次体系，使其在结构上呈现出了"金字塔"的构造。

---

① 潘菽，荆其诚.心理学[M].北京：中国大百科全书出版社，1991.

　　将其细分来看，这五种心理需求又可以分为两大层次，即低层次的需求和高层次的需求。前两种需求属于低层次的需求，其他三种属于高层次的需求。生理需求是人类行为动机的基础，也是人类最低层次的需求。它主要包括人们对空气、食物、饮料、睡眠等的需求，是人类维持生命最基本的要素。只有这一项基本需求得到了满足，才能够顺利地进行其他的实践活动，产生更高的需求；相反，如果一个人最基本的衣食住行问题都无法解决，就更不用说渴望获得尊重或者自我实现了。因此，生理需求是其他一切需求的原动力，只有当人的生理需求得到满足后，才会产生更高层次的需求即安全需求。安全需求是指人们对生命安全、财产安全、食品安全、医疗卫生安全的需求等，包括"安全、稳定、依赖、保护、免受恐吓、焦躁和混乱的折磨、对体制的需求、对秩序的需求、对法律的需求等"大致相当于人的自然属性中的防卫功能。生理需求和安全需求两种需求与人的机体感受息息相关，也是最为直观、最容易得到满足的需求，因此属于低层次的需求。

　　高层次的需求是与人的精神满足密切相连的。爱与归属的需求位于高层次需求的首位，也被称为社交需求，指的是人们对情感和归宿的需求，即对亲情、友情、爱情等的需求，和生理需求相比更为细致，同时处于社会中的人们会努力使自己归属于某个团体或组织，在与他人的交往中渴望得到关爱和照顾，如果这种需求没有被满足，个体会感到孤独、被疏离，甚至会感到非常痛苦，而一旦得到认可和融入感之后，则更高层次的需要即尊重的需要便会开始显露。尊重的需要同时包括人内部的自我肯定、自我认同、自我尊重和他人或社会对自己的尊重和认同，内部尊重主要来自自己的自信心和胜任力，外部尊重则来源于他人对自己能力、地位或成就的信赖、评价和欣赏。人们尊重的需要得到满足会对主体产生巨大的推动力，能够激发主体的自信心和积极性；但如果受挫又会让主体产生挫败感，失去信心，所以去维护主体尊重的需求非常重要。人的最高层级的需求是自我实现的需要，作为最高层次的需求，自我实现需求是指个体对自我成长与发展的心理需求，即人类对自己完善、自我发挥的欲望追求，也是个体对于未来的美好预期和不懈追求高尚境界的愿望，它建立在前四种需求都得到满足的基础之上。自我实现要求人们忠于自己的想法，最大程度地发挥个人才能和激发潜能，努力地实现个人的理想。

　　需求层次理论中关于社交需求、尊重需求以及自我实现需求的阐述对如何提升高校思想政治教育亲和力也具有指导意义。因为高校思想政治教育活动是由人参与并实施的，势必会涉及人的心理需求，而对受教育者心理需求的了解程度以及关注度的高低都会影响教学效果。

　　首先，在高校教育中，社交需求所指的是每位大学生都有着希望得到关怀和照顾的心，都有着情感上的需求。高校教育者作为教学活动的主要实施者和引导者，应当放下身段，及时了解受教育者的学习心理和实际生活中的心理状况，拉近师生之间的距离，从而满足学生的社交需求，还可以提高教学的实效性。

　　其次，尊重需求所表达的是每位大学生渴望获得自我的认可和外部的尊重。在大学这个学生身心快速发展的关键时期，大学生对思想政治教育的各个方面都存在着不同的需求与期望。部分学生会希望通过思想政治教育满足自己学习上或者是未来求职方面的需求。因此，教育者在开展思想政治教育活动时，要保证教学内容的科学性及指导性，激发大学生对学习的积极性和自信心，满足并尊重其需求。

　　最后，自我实现的需求是指大学生对自身成长、挖掘自我潜力、实现自我价值的需求。当受教育者较低层次的心理需求得到满足后，就会产生更高的需求层次，从而会激发自我实现中的学习欲望，更加渴望学习，并在心理上喜欢并期盼教育活动的进行，真正感受到思想政治教育的魅力。这实际上也是高校思想政治教育持续进行并发挥作用的过程。

第四节

教育学视域下的亲和力理论

　　教育学，作为深入探究教育现象、系统揭示教育规律的学科，在增强高校思想政治教育亲和力方面扮演着至关重要的角色。其思想政治教育有效要素理论、思想政治教育接受理论等都为高校思想政治教育注入了人本关怀与科学智慧，为提升高校思想政治教育亲和力奠定了一定的理论基础。

一、思想政治教育有效要素理论

　　思想政治教育有效要素为高校思想政治教育亲和力的构成要素提供了必要的理论基础。思想政治教育有效要素即教育目的、教育者、教育对象、教育内容、教育方法与教育环境等六大要素，它们担负着不同的功能，并相互作用，推动着教育活动整体有效运行。

　　有效要素影响着教育系统的运行效果，有效要素的亲和力也影响着教育活动整体亲和力的提升，高校思想政治教育亲和力构成要素即教育目的亲和力、教育者亲和力、教育内容亲和力、教育方法亲和力和教育环境亲和力，它们之间各司其职，相互作用形成合力后能够提升教育活动对受教育者的亲和力。

　　思想政治教育的有效过程也为高校思想政治教育亲和力的提升提供了理论引导。"思想政治教育过程由四个子系统过程构成，依次为教育者的意识活动过程、教育者的实践活动过程、教育对象的意识活动过程、教育对象的实践活动过程。"认知活动和情感活动共同构成了思想政治教育者的意识活动，具体来说就是教育者在充分知晓教育内容并与教育对象形成相应的情感之后，进一步选择教育方法、传递教育内容等实践活动过程。高校思想政治教育者在初步认识学生后，与学生进行相应的情感沟通，进而选择有利于学生接受的教育内容等实践活动，提升教育活动的亲和力。同样，教育对象的意识活动过程也包含着认识活动和情感活动，教育对象在了解教育内容后并对此形成相应的情感，继而在接受教育内容的基础上进行实践。当教育活动亲和力效力得到有效发挥时，教育对象将积极主动地接受教育活动并将理论知识转化为实际行动。

"思想政治教育的有效结果"是指思想政治教育产生的效能达到个体需求的满足性。思想政治教育的有效结果可以满足教育对象三方面的需要，即社会适应的需要、享受需要与发展需要。首先，教育对象作为社会中的成员，无法脱离社会发展，因此，与社会相适应的需要是个体的基本需要。高校思想政治教育工作者在传授理论知识的同时也是在传授社会生存技能，学生在接受、亲近教育活动的过程中也被给予了融入社会的勇气。其次，个体的享受需要包括物质享受和精神享受，精神享受是个体生存和发展的重要动力，具有亲和力的教育实践活动在很大程度上能够满足学生的精神需要，帮助大学生塑造良好的品质和乐观的心态，给予大学生积极的正能量，让大学生在信任、接受教育活动中积极乐观地面对生活。最后，实现个体的全面发展是个体需要的最终目标，无论是社会适应的需要还是享受需要，所有层次的需要满足都是为了实现个人的阶段性成长。而教育活动是否富有亲和力直接关系到大学生对教育内容的接受程度，也关系到他们接受教育内容之后能否真正实现自身的发展和完善，进而实现个人的价值，成为全面发展的综合型人才。

二、思想政治教育接受理论

当前，高校思想政治教育的重要目标就是使高校大学生能够有效接受思想政治教育工作者所传授的思想政治教育内容，并将其内化为自身的思想品质，外化为自身的实际行动。而提升高校思想政治教育亲和力可以增强受教育者对教育活动与教育者的亲近感和接受度，因此，提升高校思想政治教育亲和力的必要条件是要加强对思想政治教育接受理论的研究。

思想政治教育接受指的是"发生在思想政治教育领域内的接受活动，它反映了思想政治教育接受主体与接受客体之间的相互关系，使接受主体出于自身需要，在环境的影响和作用下，通过接受中介对接受客体进行吸收、选择、整合、内化以及外化行为的多环节形成的连续的完整的活动过程，接受的结果是形成人的内化的精神和外化的行为。"通过这一概念可以看出，所谓思想政治教育接受是客体与主体、教育、环境之间的能动活动，"这种接受活动发生在思想政治教育活动当中，是教育对象根据自身需要，在特定情境中，对接受客体进行认识反映、选择摄取、整合内化的活动过程。"在这一过程中，受教育者是接受活动的主体，教育内容是接受活动的客体，受教育者能够自觉地选择接纳具有社会性、实践性和情感交互特征的教育内容。思想政治教育活动的目标就是要形成和发展教育对象的思想品德，使教育对象的思想政治素质得到提高。受教育者的主体性、社会实践与情感沟通都是影响教育接受度的重要因素。因此，接受理论对提升高校思想政治教育活动亲和力有着以下三方面的指导作用。

首先，要注重高校大学生的主体需求。传统的高校思想政治教育理论课将外在教育作为了主体，主张采用"灌输法"对学生进行教学，忽视了学生的内在需求，导致教育实效性不足。大学生作为高校思想政治教育活动的接受主体，存在着明显的个性需求。因此，教育活动的开展要随时满足学生的主体需要，这样才能够使学生对教育活动产生亲近感和信任度，并主动融入教育活动之中。富有亲和力的高校思想政治课应当遵循"以生为本"的教育理念，增加对学生的倾听和关注度，以学生的需求为导向开展教学，将高校思政课堂定位为指导与帮助的服务型课堂，以解决学生认知困惑为目的，正确处理接受主客体的关系，提升大学生对课程的认同和接受，发展具有亲和力的服务型课堂教学。

其次，要注重开展相关的社会实践活动。社会实践活动是进行思想政治教育的重要途径，学生一旦参与相关的社会实践，便能领会到教育者所传授的相关理论知识的真理性是可以经得住实践与时间检验的。将教育理论转化为社会实践不仅可以教会学生社会生存的基本技能，而且还是传播教育理念、提高学生认同度的有效途径。因此，大学生通过进行有效的社会实践活动，能够使教育工作者所传授的思想政治教育理念得到更好地接受和内化。

最后，要注重与高校学生进行情感的互动交流。教育者与教育对象之间的有效情感交流是推动学生进一步接受教育活动，提升教育亲和力的关键环节。在实际的教学过程中，教育者要着力加强与学生的情感交流，做到倾听学生、积极关注学生的思想动态与情感变化，与学生共情，真正实现学生与教师之间的高效互动，引导学生培养积极主动的思维模式。因此，高校思想政治教育工作者既要提高自身情感魅力和情感亲和力，也要重视大学生的情感体验，增强对大学生的情感关注，在师生之间进行有效情感交流的基础上，增强教育活动对学生的感召力和吸引力，提升教育活动的亲和力。

第四章

国外高校思想教育的借鉴及启示

在全球化的大背景下，各国高校在思想教育领域都面临着新的挑战与机遇。思想教育作为培养青年一代树立正确世界观、人生观和价值观的重要途径，其亲和力的提升显得尤为重要。本章将深入探讨国外高校思想教育亲和力的提升策略，以期为我国的思想教育实践提供有益的借鉴与启示。

第一节

国外高校思想教育的借鉴

美国高校在推进思想教育时，其核心目标是培养具备坚实民主理念和积极民主行为的公民。这些毕业生能够契合国家和社会的发展需求，同时拥有深厚的爱国主义精神，坚定拥护资产阶级的根本利益，以更好地服务于社会。

一、美国高校的公民教育

美国是现代公民教育理论研究的发源地，拥有关于公民教育最多的研究成果和研究资料。在美国人看来，公民教育与其政治体有类似的"普世性"特征，其不断派人前往世界各地进行公民教育相关的合作与交流。因此，美国公民教育不仅对本土教育具有重要影响，而且对世界上的许多国家也产生了广泛的影响。

（一）美国高校思想教育的目标

1.培养具有"美国精神"的公民

里根曾在一次演讲中指出："教育不仅仅是教育我们的青年掌握职业需要的技能，而最重要的是向每一代人传递作为我们的自由民主社会基础和奠基石的价值——爱国主义、忠诚、守信、勇敢、辨别是非的基本道德能力。"美国高校思想教育高度重视其在传承价值观、塑造公民道德及社会责任感等方面的核心作用，其目标在于深入灌输美国社会的主流价值观，积极弘扬自由、平等、民主等核心"美国精神"，广泛传播爱国、忠诚、人权与自由等价值观念。这一过程在一定程度上可以确保"美国精神"能够深深植根于大学生的心灵深处，进而实现高校思想教育的根本宗旨。

（二）美国高校思想教育的内容

美国高校思想教育为多元的内容体系。其内容涵盖了理念教育和道德教育等多个维度。

1.理念教育

纵观美国历史，从独立战争的硝烟弥漫到现今，美国资产阶级始终坚持不懈地强化其理念教育的力度。

一是自由主义和民主理念教育。"任何社会，为了能存在下去……必须紧密地围绕保持其制度完整这个中心，成功地把思想方式灌输进每个成员的脑子里。"[①]"自由"与"民主"是美国意识形态的核心，是其国家形成与巩固的思想基础。他们不仅在课堂上通过理论讲解和案例分析来传授这些观念，还通过组织实践活动和模拟辩论，让学生在实际生活中体验和理解自由与民主。教育者们的目标不仅是让学生在知识层面了解这些理念，更是要促使他们在思想和行为上与之共鸣，使之成为塑造他们人格的重要元素。

二是爱国主义教育。"一个人要么是百分之百的美国人，要么根本不是美国人，不存在对美国一半的效忠。"[②]美国高校通常将这一爱国主义教育渗透于历史感教育、国情教育中，以培养学生的爱国主义精神，塑造"真正的""完全的"美国人。作为一个年轻的国家，美国虽没有悠久的历史，但美国高校却十分重视本国历史，并尽可能用一切有价值的历史人物和历史遗迹来引导学生了解美国传统，进行爱国主义教育。此外，美国的高校格外重视博物馆的建设和使用，其中哈佛大学便是典范，拥有诸如皮博迪博物馆、福格博物馆和自然历史博物馆等众多博物馆。这些博物馆为大学生提供了一个直观而深入了解美国的平台。通过参观这些博物馆，学生可以深刻体验到美国在经济、科技和文化等多个领域的成就，从而激发出对美国短暂但辉煌发展的历史的自豪之情。这些博物馆不仅丰富了学生们的课外生活，更在无形中培养了他们的民族自豪感和文化自信。

三是公民能力培养教育。作为美国开国元勋之一的杰弗逊（Thomas Jefferson）认为："假如一个国家期望文明社会既无知而又是自由的，那么，它所期望的过去不曾有过，将来也不会存在。"[③]如此，要造就一批"好"的公民，就需要培养大学生行使公民权利、履行公民义务的能力，以促使其在学生走出学校后成为改造社会的基本素质。因此，美国高校思想政治教育者深谙培养未来公民参与社会事务的重要性，他们会系统地教授投票、演说及组织联盟等技能，以提升学生的公民参与能力。在教学过程中，他们不仅传授理论知识，更注重引导学生亲身实践，经历民主、理解和"再造"民主的过程。例如，在教授投票的过程中，教育者会详细介绍选举制度、投票流程以及公民投票的权利与责任，让学生理解投票是民主制度的核心；在演说技能的培养上，教育者会教授学生如何构思演讲内容、组织语言、运用声音和肢体语言等技巧，让学生能够在公众场合自信地表达自己的观点和想法。

2.道德教育

在美国建国伊始，被誉为"美国学术和教育之父"的诺亚·韦伯斯特（Noah Webster）就指出："人的美德比其能力对社会的影响更加广泛，为此原因，心灵的培养比头脑的训练更应该一丝不苟。"[④]在美国社会，道德教育历来被视为塑造公民品格、促进社会和谐的重要基石。即使在道德教育面临挑战和衰退的时期，美国高校的教育者也从

① 安东尼·奥罗姆.政治社会学[M].张华青，等，译.上海：上海人民出版社，1989：317.

②HALDEDORN H. The Free Citizen: A Summons of the Democratic Ideal by Theodore Roosevelt. New York: MacMillan, 1956: 61.

③GERALD L. Gutek, Education in the United States: An Historical Perspective Prentice-Hall, Englewood Cliffs. New York, 1986: 41.

④WEBSTER N. On the Education of Youth in America, Boton, 1790. Quoted in James W. Fraser, The School in the United States a Documentary History. New York, 2001: 41.

未放弃对道德教育的坚守与追求。具体来说，道德教育包括以下内容。

一是道德品格教育。美国人认为，道德品格的重要性远不止于个人的幸福和社会的稳定，它更是美国社会制度，特别是"民主"和"自由"的基石。美国前教育部部长威廉·贝内特（William J. Bennett）把品格教育视为抵制社会道德下滑的关键策略，他提出的三"C"理论①为理解品格教育的重要性和实施途径提供了框架。在美国，高校教育者在进行道德教育时，一般都强调勇敢、自律、公正等道德是一种共识性的美德，因没有特殊性而适用于所有人。1994年，品格教育被美国国会认可。克林顿总统签署改进美国学校法案，并多次在白宫召开品格教育会议。美国教育部部长赖利也曾亲自为品格教育释惑。

二是道德认知能力提升教育。美国公民教育中的道德认知能力提升教育，可以理解为一种旨在通过系统教育和实践活动，帮助学生深化对道德原则、价值观和伦理规范的理解，并提升其道德判断、道德决策和道德行为能力的教育过程。在美国的道德教育中，培养道德认知能力的理念得到了广泛的认同和实践，例如，通过案例分析、角色扮演、小组讨论等多元化的教学方法和实践活动，来深化对道德原则和价值观的理解。这种教育方式不仅有助于大学生在学术和职业领域取得成功，更重要的是，它能够帮助他们在日常生活中成为有道德、有责任感的公民，为社会的和谐稳定作出贡献。

三是道德反思能力教育。美国道德反思能力教育在其教育体系中具有举足轻重的地位，它不仅关注道德知识的传递，更致力于推动个体对道德观念和行为准则的深入理解和内化，以及后续的自我审视与修正。在美国高校，教育工作者采用了角色扮演、模拟法庭、道德伦理课程等一系列创新而富有成效的教育方法，以提升学生的道德反思能力。这种将道德教育与文化、社会紧密相连的教育方式，旨在培养学生的道德反思能力。通过深入人心的文化教育和社会教育，学生不仅能够更好地理解道德原则和价值观的实质和意义，还能够将这些原则和价值观内化为自己的行为准则，形成稳定的道德品质。

（三）美国高校思想教育的途径

美国高校思想教育的途径广泛而多样，其核心涵盖课程教学、心理咨询以及实践活动三大方面。这三者相互补充，共同构成了高校思想教育的坚实基石，为学生提供了全面而深入的学习与体验机会。

1.课程教学

在美国高校的课程中，人文与社会课程和宗教课程这两类课程对公民教育的影响极大。人文与社会课程广泛涉及哲学、历史、民主学、经济学等，一些公共课包括美国总统制、欧洲政治思想、社会制度问题、伟人生平等内容，而这些内容也渗透到其他各个学科之中。以美国哥伦比亚大学为例，该校明确要求本科生在任何专业的学习过程中，首先必须扎实掌握文化基础课。学生在进入三年级之前，主要聚焦于这些基础课程，为后续的专业学习奠定坚实的基础。在课程设置中，西方思想史、美国现代文明、西方现代政治经济学和哲学等课程均为本科生的必修内容，这些课程不仅政治性和理论性强，而且深深地植入了资本主义的核心价值体系。

---

① 三"C"理论，即品格（character）、内容（content）、选择（choice）。

2.心理咨询

心理咨询的历程可以追溯到20世纪30年代的美国大学校园，如今，它已深深地植根于美国高等教育的德育体系之中。心理咨询的主要功能在于为学生提供全方位的指导与帮助，涵盖了生活辅导、学习困境的解决、情感支持以及就业规划等多个方面。几乎每一所美国大学都设有心理咨询机构，这些机构不仅为学生提供心理卫生教育和心理辅导活动，还致力于促进学生的整体福祉。例如，哈佛大学设立了学习咨询处，配备了24名专职人员，其中包括大量的心理学博士和硕士，他们为学生提供专业且个性化的服务。

心理咨询的方法在美国高校中呈现多样化，既有传统的课堂讲解、座谈、个别谈话、个人咨询等形式，也融合了现代媒体和影视作品的辅助手段。这些心理咨询机构不仅在日常工作中为学生提供心理咨询和心理健康教育，还积极组织各种形式的团体心理活动，以增强学生的团队协作能力和心理素质。咨询和指导人员的目标是针对每个学生的具体情况，激发他们的内在积极性，借助外部资源，帮助他们解决在自我发展过程中遇到的各种问题。

3.实践活动

实践活动在思想教育领域中占据着至关重要的地位。美国高校校园活动种类繁多、内容丰富多彩，为学生提供了广泛的实践机会。这些活动包括各种社团活动、社会服务以及全校性的论坛会议等。学生可以根据自己的兴趣和喜好申请加入心仪的社团，从而丰富自己的大学生活。例如，康奈尔大学拥有600多个俱乐部和学生社团组织，为学生提供了广泛的交流和学习平台。在这些社团中，学生可以互相交流、学习，共同培养和发展自己的爱好与能力。

此外，社团活动不仅反映了学校追求的价值目标，也广泛传播了本国的社会价值观念。在洛杉矶大学，近三分之一的本科学生参与了社区服务活动，涵盖了21个不同的项目。这些项目包括为移民子女补习、为无家可归的人提供救济、帮助残疾和智障儿童等。通过参与这些活动，学生不仅能够将所学理论知识付诸实践，还能够深入了解社会，增强社会责任感和公民意识。

（四）美国高校公民教育的特点

美国高校公民教育的特点在于其教育方式多元、实践导向明确和人文关怀充实，为学生提供了广泛的学习机会和深刻的情感体验。

1.教育方式多元

教育方式多元性不仅体现在教学内容的多样性上，更体现在教学方法的灵活性和创新性上。美国高校注重通过多种渠道和方式开展公民教育，如通过课堂教学、讲座、研讨会、社区服务等形式，将理论知识与实践活动相结合，使学生能够在不同的环境中学习和体验。此外，美国高校还鼓励学生参与社团活动、志愿服务等，让学生在实践中感悟和领会道德规范和价值观念，从而形成独立思考和判断的能力。这种多元教育方式不仅提高了学生的学习兴趣和参与度，也丰富了教育内容和形式，使得思想政治教育更加生动、有趣和富有成效。

2.实践导向明确

美国高校注重将公民教育与现实生活紧密结合起来，强调学生的实践能力和社会责任感的培养。在教学过程中，教师会引导学生关注社会问题、参与社会实践、开展调查研究等，让学生在实践中感受和思考道德规范和价值观念的重要性。同时，美国高校还鼓励学生将所学知识应用于实际生活中，通过志愿服务、社会创新等方式为社会作出贡献。这种实践导向的教育方式不仅有助于培养学生的实践能力和创新精神，也增强了他们的社会责任感和公民意识。

3.人文关怀充实

美国高校注重以人为本，关注学生的全面发展和个性化需求。在公民教育中，美国高校强调人文关怀和情感教育的重要性，注重培养学生的道德情感、价值观念和人文精神。在教学过程中，教师会关注学生的情感体验和心理成长，通过情感交流、心理疏导等方式帮助学生解决心理问题，增强他们的自信心。同时，美国高校还注重培养学生的文化素养和审美情趣，通过文学、艺术、历史等课程的学习，让学生领略人类文化的博大精深和多元性。这种人文关怀的充实性不仅有助于学生的全面发展和个性化成长，也增强了他们的道德情感和文化自信。

二、日本高校的公民教育

（一）日本高校公民教育的目标

日本高校公民教育的目标涵盖了社会责任感、民族意识、道德意识和公民素质以及集体意识等多个方面，旨在培养具有完美人格和高度责任感的人才。

1.培养民族意识

日本高校公民教育非常重视对学生民族意识的培养。这一目标源于日本社会对于国家和民族认同的强烈需求。通过历史教育和文化传承，日本高校旨在帮助学生深入了解日本的历史、文化和传统，从而增强他们对国家和民族的认同感和归属感。这种民族意识的培养不仅有助于学生形成强烈的国家荣誉感，还能够激发他们的爱国情感，激励他们为国家的繁荣和进步作出贡献。同时，培养民族意识还有助于增强学生的文化自信心，使他们在全球化的背景下更好地坚守和传承本民族文化。

2.提升道德品质

在提升道德品质方面，日本高校公民教育强调通过德育课程和实践活动，帮助学生树立正确的道德观念和价值观念，培养良好的道德品质和行为习惯。这种教育强调学生的个人品德修养和道德修养，要求学生做到诚实守信、尊老爱幼、热爱劳动等。同时，日本高校还通过社会实践和志愿服务等活动，让学生在实践中体验和感悟道德的力量，进一步加深对道德价值的认同和理解。提升道德品质的目标有助于培养学生健全的人格和高尚的道德品质，为他们的未来生活和职业发展奠定坚实的基础。

3.提高公民素质

在提高公民素质方面，日本高校公民教育旨在通过公民教育、社会实践等多种方式，培养学生的社会责任感和集体意识，提高公民素质。这种公民素质的提高，不仅有助于学生在社会中发挥积极的作用，还能促进社会的民主化进程。日本高校注重通过志愿服务、参与社区活动等，让学生亲身体验社会、了解社会，从而增强社会责任感和公民意识。同时，日本高校通过法治教育等方式，使学生了解国家政治制度和法律法规，增强其法律意识。

（二）日本高校公民教育的内容

由于日本在第二次世界大战前后经历了国家指导思想的巨大转变，其高校公民教育的内容也相应地发生了显著的变化。这种转变不仅反映了日本社会对于国家认同、民族意识以及个体道德观念的重新审视，也体现了日本在国际政治格局变迁中的自我调整和反思。

日本高校公民教育也根据国内外形势的变化而不断进行着调整。当前，日本高校公民教育的内容主要集中在以下几个方面。

1.爱国主义教育

自20世纪70年代起，日本积极塑造"高大"的国民形象，通过多元化的途径，激励国民展现进取精神、坚韧不拔的毅力、团结忠诚的品质以及无私奉献的精神。进入21世纪后，这一努力得到了进一步强化。2007年，日本对《教育基本法》进行了全面修订，旨在强化教育的民族性和爱国心。新的《教育基本法》特别强调了"培养尊重传统和文化，热爱养育自己的祖国和乡土"的核心价值观，并提倡塑造学生具备"丰富的情操和高尚的道德心"。

2.个性化教育

个性化教育，作为一种旨在培养自我尊重、自由精神、自律能力和责任感的教育形式，其核心价值在于激发人的潜能，推动人的全面发展，进而对社会的整体进步产生积极影响。随着社会的不断前进和科学技术的迅猛发展，日本已经对个性教育进行了深入的改革，以适应新时代的教育需求和社会发展的步伐。1947年，《教育基本法》第1条指出："教育必须以完成陶冶人格为目标……培养尊重个人的价值，培养独立自主、身心健康的国民。"[1]1985年，日本临时教育审议会在咨询报告中详细论述了个性化教育的问题，指出重视个性化教育是此次教育改革中最主要的，也是贯穿着其他改革原则的基本原则。[2]1989年颁布的《教学大纲》明确将"尊重人的精神"置于核心地位，它深刻强调了个性化发展的重要性。从整体来看，个性化教育的目标在于引领日本学生走出战后集团主义思想的桎梏，摆脱那种过分崇尚集体而忽略个体的倾向，从而找回真实的自我。它致力于弘扬个人尊严，尊重每个个体的独特价值，鼓励个性的张扬，并激发创造力的迸发。通过这种方式，个性化教育期望将学生塑造成为社会有机体中不可或缺的一部分，为社会注入源源不断的生机与活力。

3.集体主义教育

日本的集体主义教育，作为学校教育和家庭教育的重要延伸，深入渗透到社会与学校生活的方方面面。它强调集体观念的重要性，着重培养学生的合群精神，使国民对社会的责任感得到显著提升，进而促进日本特有的价值观和民族精神的形成。

在学校中，集体主义教育主要通过丰富多样的教育实践活动来体现。这些活动不仅让学生在实践中体验到团队合作的力量，还使他们在集体中学会倾听、协作和妥协，从而培

---

① 王桂.日本教育史[M].长春：吉林教育出版社，1987：146-147.
② 董小燕.比较德育教育[M].杭州：浙江大学出版社，2000：219.

养出良好的团队精神和集体荣誉感。高校公民教育同样不例外，它将集体主义行为方式的训练作为重要的教育内容之一；通过课堂讲解、案例分析、小组讨论等形式，引导学生深入理解集体主义精神的内涵和价值，增强他们的集体认同感和归属感。同时，学校还组织各种集体活动和社会实践，让学生在实践中体验集体的力量，培养他们的团队合作精神和集体责任感。这种集体主义教育的实施，对塑造日本国民特有的价值观和民族精神起了重要的推动作用。

4.劳动教育

日本教育家小原国芳指出，"百闻不如一见，百见不如一劳"，高度强调了劳动教育的重要性。从日本深厚的传统文化和悠久的历史发展中，我们不难发现，日本人始终秉持对劳动的热爱与尊重。这种对劳动的热爱，正是日本经济在战后短时间内得以迅速复苏并实现持续快速增长的关键因素之一。时至今日，劳动教育在日本的教育体系中仍然占据着举足轻重的地位，尤其是对于大学生来说，它是公民教育中不可或缺的一部分。

日本高校对于劳动教育有着独到的见解，他们提出了"劳动体验学习"的概念。这种教育形式不仅限于课堂的理论学习，更加注重课外的实际操作和实践。其核心理念是让学生通过亲身的劳动体验，深切感受生活的艰辛，从而学会珍惜劳动成果，养成热爱劳动的良好习惯。同时，劳动体验学习也鼓励学生学会与他人合作，从劳动中找寻快乐，并在这一过程中实现个人价值。这种全面而深入的教育方式，无疑为培养具有社会责任感和实践能力的现代青年提供了宝贵的经验。

5.国际化教育

随着信息时代和知识经济时代的迅猛发展，日本教育界逐渐认识到，唯有培育出具备全球视野和能力的世界性人才，才能确保日本在国际政治经济新秩序中保持竞争力，占据一席之地。因此，日本开始将焦点转向高校学生的国际化教育，强调学习国际文化、培养国际思维的重要性，旨在提升大学生应对和化解国际摩擦的能力。1996年，日本中央教育委员会的报告强调，必须"理解和接受、不歧视共同存在的不同价值观"[①]；2006年，日本修改的《教育基本法》提出了教育国际化发展的思想、理念和人才战略；2008年，日本颁布并实施《教育振兴基本计划》，倡导推进日本大学国际化。在日本高校国际化的过程中，公民教育的指导思想也逐渐趋向本土化与国际化相结合。

在日本的高校中，形式多样的国际化活动屡见不鲜，内容涵盖国际理解、国际人权、国际和平和国际协调等多个方面。这些活动不仅为学生提供了深入讨论国际议题的平台，还为他们提供了出国体验外国文化的机会，从而显著增强了他们的国际理解和国际意识。

（三）日本高校公民教育的途径

日本高校公民教育是在政府的统一引领下，通过正规的德育课程、跨学科教学的深度融合，以及精心策划的特别教学活动等立体化、全方位的途径和方法，旨在全面实现政府所设定的教育目标，培养具有高尚道德品质和广阔国际视野的优秀人才。

---

①IKEMOTO T.Moral Education in Japan: Implications for American Schools［EB/DL］.http://www.hiho.ne.jp/taku77/papers/thes595.htm, 2015-07-17.

1.专门的德育课程

从1990年起，日本文部省施行了一套法定的"学习指导纲要"，其中特别强调了对公民道德科目的加强和内容的丰富。目前，日本高校公民教育仍特别注重通过专门课程和活动来进行德育教育，不仅涵盖了广泛的道德教育内容，还为学生提供了实践道德原则、培养道德情操的宝贵机会。在日本大学的教育系或教育学院中，学生必须学习经过专门改进的德育课程和参加相关活动。这些课程和活动不仅要求学生掌握德育的基本理论，还鼓励他们在实际生活中践行道德准则。

此外，为了进一步培养学生的道德意识，并树立日本政府和社会倡导的人生观和价值观，高校还设置了通识教育课程。这些课程通常包括人文社会科学科目等全校共同课程，旨在拓宽学生的视野，提高他们的综合素质，并引导他们形成正确的人生观和价值观。通过这些课程的学习，学生能够更好地理解社会、关爱他人，并为社会的发展贡献自己的力量。

2.环境熏陶法

日本高校在推进公民教育时，巧妙利用学校这一核心环境，并融入家庭、社会等外部环境，以间接而全面的方式熏陶学生，从而实现公民教育的深远目标。

首先，营造温馨和谐的校园环境，激发学生的归属感与自豪感。高校不仅设立了一系列人文素养课程供学生自由选修，更鼓励学生通过学生社团等平台积极参与实践活动，深入感受国家的文化、历史底蕴，锻炼意志品质，从而在无形中接受公民教育。其次，充分重视家庭在公民教育中的重要作用。倡导塑造良好的家庭环境，让学生在父母的言行举止和信赖关系中受到潜移默化的影响，从而接受正面的公民教育。最后，紧密结合社会宣传教育，针对大学生群体开展一系列富有创意的教育活动，在兴趣满足和积极参与中提升学生的思想素质，使公民教育更加深入人心。

3.挫折教育法

在日本高校进行公民教育的过程中，教育者特别注重塑造学生的坚韧品质，鼓励他们在逆境与困难中迎难而上，奋力拼搏。这种教育方式旨在让学生从挑战中汲取宝贵的经验和力量，从而磨炼出强大的意志力。

为了进一步宣传这种教育理念，日本大学还积极倡导"穷留学之风"等逆境挑战活动。这一传统鼓励那些在优越环境中成长的学生走出舒适区，前往偏远山区或其他艰苦环境进行体验学习。例如，京都大学会组织学生前往偏远山区，与当地居民共同生活，参与农业劳动和社区建设。通过亲身体验艰苦生活，让学生们在不同环境下接受挑战，进而培养出坚韧不拔的性格品质。这种教育方式不仅让学生学会了珍惜现有的生活，更让他们在面对未来人生中的种种挑战时，能够保持积极向上的态度，勇往直前。

4.直接体验法

日本高校高度重视学生的实践教育，鼓励学生走出校园，深入实际生活，以激发他们投身社会实践的热情。在学习过程中，高校精心组织各类实践活动，如参观文化遗址、亲近大自然等，旨在让学生在亲身体验中检验理论知识，深化对知识的理解和认同。例如，京都大学实施了"地域贡献计划"，鼓励学生参与当地社区的各种志愿服务活动，如环保活动、文化遗产保护、教育支援等。从京都大学发布的"地域贡献计划"参与情况和成果报告来看，越来越多的大学生都积极参与到该计划中来，他们通过实际行动为当地社区做出了积极贡献，并得到了社区居民的高度评价。

此外，为了帮助学生将课堂上学到的理论知识转化为实际应用，日本一些高校还推行体验式就业活动。通过这些活动，学生能够在真实的职业环境中应用所学，检验理论的实用性，同时形成积极向上的职业观。总之，这种直接体验式的教育方式不仅有助于学生明确价值取向，还极大地增强了他们的社会适应能力，从而极大地提升了高校公民教育的实效性。

（四）日本高校公民教育的特点

日本高校公民教育具有三大显著特点：国际视野的拓宽、实践教育的深化以及社会责任感的培育。这些特点共同构成了其公民教育的核心，为培养具备全球竞争力的人才奠定了坚实基础。

1.突出国际视野

在全球化的浪潮下，日本高校普遍注重拓宽学生的国际视野，通过与国际接轨的课程设置、多元化的国际交流项目以及与国际知名大学的合作，使学生能够深入了解不同国家的文化、历史和社会制度。这种教育方式不仅提高了学生的跨文化交流能力，也使他们具备了在全球舞台上竞争和合作的能力。同时，高校还鼓励学生参与国际性的学术研究和竞赛，以培养学生的国际竞争力和创新精神。

2.强调实践教育

在日本高校公民教育中，实践教育占据着重要的地位。高校注重将理论知识与实践活动相结合，通过组织各种实践活动，如社会实践、志愿服务、实习实训等，让学生在实践中检验和巩固所学知识，提高实际操作能力。这种教育方式不仅培养了学生的实践能力和创新精神，也使他们更加了解社会和市场需求，为未来的职业生涯打下坚实的基础。同时，高校还鼓励学生参与科研项目和学术活动，以提高学生的学术素养和研究能力。

3.注重培养社会责任感

日本高校公民教育非常注重培养学生的社会责任感。高校通过开设公民教育课程、组织公益活动和社会实践等方式，引导学生关注社会热点问题，积极参与社会公益事业，培养他们的公民意识和社会责任感。这种教育方式不仅使学生更加关注社会发展和民生问题，也使他们具备了为社会作出贡献的能力和意愿。同时，高校还注重培养学生的团队合作精神和领导能力，以使他们能够更好地适应未来社会的挑战。

三、英国高校的公民教育

英国从面积上来讲是一个小国，但从在世界历史发展过程中所起的作用来讲，它又是一个大国。它是世界上第一个实现了资本主义工业化、有着完整资本主义制度的国家。它在教育方面有着强大的保守势力，但在时代潮流的冲击下，它也不可避免地走上改革的道路，这对英国的公民教育也产生了深刻的影响。

（一）英国高校公民教育的目标

英国的公民教育，"其本意是培养人们做个好公民或者说是教育人们做一个合格的为教会和国家服务的人。"①格雷欧姆·海顿（Graham Haydon）曾将英国公民教育的目标概括为"国家认同、社会责任与道德责任、社区参与、政治素质和社会包容"②五个方面。英国各大学开设的公民教育课的说法也各有不同，有的称为公民教育，有的称为道德教育，这些课程在内容和要求上各有不同，因此不能将其公民教育的目标简单归结为其中的公民教育或道德教育目标等。根据各方面对大学生的期望以及其自身发展的需求，英国高校公民教育的目标可以分为以下几点：

1.培养良好的公民素质

1998年，公民教育与学校民主教育顾问团提交的《科瑞克报告》中明确提出了公民教育要培养出有"社会和道德责任感、社会参与和政治素养"③的积极公民。其中，社会责任要求个人清楚地认识到自己的行为后果及对他人可能造成的影响并对社区或社会承担相应的责任；道德责任要求公民有对是非善恶的理解力和判断力，并且有做出道德行为的能力和意愿。同时还积极鼓励大学生参加学校社团或者社区中的实践活动，从而提高他们解决实际问题的能力，并增强其对民主和政治参与的有关技能及价值观的认识。

20世纪80年代，英国的年轻人对政治一度表现得比较冷漠麻木、不感兴趣，直接导致了英国的政治参与度下降。多数年轻人没有自己所认同和支持的特定党派，也不知道在大选中将自己的选票投给谁，因此逐渐疏远了民主社会的政治过程，这引发了政府和社会的高度关注。因此，政府为提高青少年的政治参与意识提出了一系列举措，并在2002年推出的英国中学国家课程中，将公民教育列为必修科目，如"大学人文""通识教育"等，并对高等教育提出了培养大学生政治素养的要求，强调要把大学生培养成积极的公民，鼓励他们参与真实的政治活动，并且在公共生活中发挥影响力。

英国的国家课程标准对公民课的目标也有着具体的描述，大体可分为社会和个人两个层面。对于社会层面的目标要求，它做出了这样的表述："系统学习和理解国家如何治理、政治体制以及在民主体制政府中公民如何参与政治，系统学习和理解法律和司法体制在社会中的作用以及法律如何制定与实施。对于个人层面的目标要求为：培养学生对志愿活动的兴趣，并使其致力于参与志愿活动或者其他形式的义务活动，使之成为学生成年后的行为习惯；使学生具有认真思考和辩论政治问题、管理日常财务和规划未来财务需求的能力。"④这体现了公民的权利不仅体现在社会责任和义务方面，同时也体现在人权和民主参与方面。

2.树立正确的道德观

核心价值观是一个民族最深厚最持久的力量，是社会成员普遍认同的价值共识和追求，它涵盖了社会发展的指导思想和价值取向，是巩固人民团结奋斗的思想基础，是推动社会全面发展的精神动力。它在个人、社会和国家的发展过程中都起着重要的作用。任何

---

①贾诺威茨，韦斯布鲁克.军人的政治教育[M].郭力，谭晓雯，译.北京：解放出版社，1987：77.

② HAYDON G. Aimsin Citizenship Education: Responsibily, Identify, Inclusion. Andrew Lockyer, Bernard Crick, John annetie（ed）: Education for Democratic Citizenship. London: Ashgate Publishing Limited, 2003：87.

③唐克军.比较思想政治教育学[M].武汉：华中师范大学出版社，2010：85.

④Department for Education. The National Curriculum in England：Complete Framework for Key stages 1 to 4.

意识形态的社会都需要核心价值观来加强社会凝聚力和国家认同感，英国也不例外。

今天的英国，自由主义观念早已深入人心。英国当前的教育处处将人作为核心和目的，国家的目的就是为了保护个人自由、财产和生活不受侵犯。它关注人的成长和发展，重视人的需求和愿望，强调人的地位和尊严，倡导每个人生来就是自由平等的，具有一定的积极意义。然而，过度追求个人主义和自由主义，会导致国民道德价值观模糊不清，最终可能会爆发严重的社会危机。因此，自20世纪80年代以来，英国回归传统道德品质和素养的呼声高涨，呼吁学校要重视传统教育，帮助大学生树立正确的道德观。

3.塑造人格品质

英国高校公民教育在课程实施过程中除了考虑社会的需求，同时也注重学生个人自身的发展需求。因此，塑造大学生健康的人格品质就成了高校公民教育的一项重要目标。在教育过程中我们不难发现，一个人如果不具备良好的人格状态，那么无论对其进行理论灌输还是环境熏陶都难以产生积极的效果。

英国高校的公民教育与人格教育是相互作用、相互影响的，人格教育是公民教育的基础，公民教育为人格教育提供了理论支撑和价值参考。英国高校普遍开设了心理健康教育课程，帮助学生在生活技能、表达能力、学习新知、思考能力、与人相处以及道德修养等方面不断进步，帮助学生在情感和学习方面得到长期有效的发展，对培养学生健康的人格品质具有重要的作用。

因此，在英国高校教育过程中，高校一方面注重培养和发展大学生的个性，塑造学生的健康心理和独立人格，推动其成为有理性和自制的人，便于他们在今后能够更好地适应社会激烈而又残酷的竞争。另一方面，英国高校公民教育注重培养大学生个人发展与完善所必备的道德品质和才能。众所周知，英国男人的绅士形象已深入人心，这与其历来培养"有德行、有智慧、有礼仪、有学问"的人息息相关。

（二）英国高校公民教育的内容

1.设置相关理论课程

公民教育主要是指培养新一代青年行使公民权利和履行公民义务的教育，它在英国的正式课程中有着重要的地位。英国高校的公民教育包括公民素质教育和公民政治观教育。

英国对学生素质培养的重视要追溯到20世纪90年代，1988年教育改革法中规定学校课程应"促进在校学生精神、道德、文化、心理和身体的发展"。1998年发布的《科瑞克报告》就公民教育的必要性、目的、内容、方法、重点等做了阐述。英国国家课程标准将公民教育课程的目标划分为社会和个人两个层面。英国高校的公民素质教育主要是人文、社会各科通过各自独特的方式，教授、培养各类科学文化知识和观念，全面培养学生优良的公民素质，充分发挥各学科对公民理论课程的隐性渗透作用。例如，历史课程的内容就具有社会或公民教育价值，能够帮助学生了解本国和整个世界的历史发展及人在社会发展中的作用，培养学生传承和发展优秀传统文化的本领，增强对本国的认识；健康教育课程通过介绍生理卫生知识，使学生了解身心健康的重要性，并正确认识性行为等。

英国高校公民理论课程的目标是为了让学生了解和认同本国的经济、政治、文化并培养学生的公民意识、社会责任感和对核心价值观的认同感。通过高校公民理论课的教授，学生能够具备成熟的政治理念和政治态度，并有效参与到国家的民主政治生活中，对本国的意识形态形成较强的认同感。例如，伦敦大学的社会研究所开设了"政治、政治学与政府"和"社会政策与管理"等公民教育课程；牛津大学哲学学院在其课程设置中也明确安排了"政治学理论"和"政治哲学"等课程。这些政治理论课程凸显了英国公民政治观教育在英国高校中普遍存在，并表明了英国政府十分重视对学生政治意识和政治立场等方面的培养。

2.伦理道德教育

随着宗教影响的逐渐削弱，英国思想界和教育界关于"由道德教育解决道德问题"的观点逐渐确立。英国高校伦理道德教育的主要对象为全校各年级、各院系的本科生。作为一门选修课程，它的授课方式是大型讲座、小班课程和研讨会，在学期末须提交一篇论文或者参加该学科的课程考试。该课程没有统一或固定的教材，通常是由授课教师自行编写讲义，并针对现实社会中所存在的道德问题进行讨论。

英国高校的伦理道德教育分为社会伦理道德教育和职业伦理道德教育。社会伦理道德教育课程的科目较多，例如，牛津大学的伦理道德教育课程有元伦理学、规范伦理学、应用伦理学、心灵伦理学、理性与道德、新生命科学伦理学等，这些课程的授课时数为每周1~4节不等，主要授课对象为哲学学院的应届本科生和研究生，后经过相关部门和教师的同意，学校其他学院的学生也可以选修和旁听，但与其他上课学生相同，在学期结束前需按要求提供一份正规的课程论文。

随着世界经济全球化的发展，市场的分工越来越细，英国高校的各个学院也自行增设了职业伦理道德教育课程，各个学院根据专业的不同，开设了各不相同的职业伦理课程。例如，商学院开设了商业伦理学，用来讨论商业活动中的诚信问题；行政管理学院开设了行政伦理学，主要用来探讨政治领域的各种丑闻以及各种丑闻所涉及的职业操守和职业道德问题。这些相关的职业道德课程也为大学生在毕业后步入社会、走向工作岗位做好了充足的准备。

3.心理教育

英国高校大多都开设了心理健康教育课程，心理健康被认为是人格品质高尚的重要依据。学校心理健康教育的主要目的在于促进学生个性的自由发展，培养学生成熟的思想，使学生形成健全和独立的人格，最终帮助学生解决生活和学习上的心理障碍和问题。

英国高校的心理健康教育主要包含开设健康教育课程和进行心理咨询两个方面。英国健康教育课程几乎涉及学生成长过程中的所有问题，如使用物质财富教育、性教育、家庭生活教育、安全教育、锻炼身体教育、食物和营养教育、个人卫生教育、有益于健康的环境和自然因素教育等等，其教育内容贴近实际生活并讲究实用性，帮助学生理解和掌握不同的健康知识和技能。英国剑桥大学的社会与政治科学学院设置了名为"社会与发展心理学"的学科，其目的在于让学生讨论在社会情境中如何谋求个人的健康发展。随着社会竞争的日益激烈，青少年在学习、生活、择业、交友等方面存在的心理问题比比皆是，因此，英国高校普遍都设有心理咨询机构，其目的就是帮助学生解决心理问题，提升其心理素质。该项心理咨询服务在英国高校普遍受到好评，大学生也越来越乐于接受心理辅导以及专业心理咨询师的服务。

同时作为英国基础教育的重要组成部分，社会及健康教育（PSHE）课程能够提高学生的各种能力，并以多种方式对学生的有效学习和成绩提升起到了积极作用。首先，PSHE

给学生提供了扮演新角色的机会，使其以新的方式承担责任，解决实际问题，与学校以外的人接触，在成人的氛围中工作。其次，PSHE课程尊重学生，将学生当作独立的个体看待，鼓励他们反思自己的感受和体验，为他们提供一种对自身以及与他人关系的积极的和实际的感受。再次，PSHE课程强调反思并提供系统的机会使学生从经验中学习，鼓励学生对自己的学习更加负责。最后，PSHE课程在培养学生形成有效交往、决策，对付各种变化的局势以及与他人一起工作方面发挥着重要作用，这些方面对于人们在学校里、在继续教育和高等教育中、在接受培训和就业时获得成功都是至关重要的。这种教育还能帮助学生掌握一些其他的技巧，包括如何控制情绪、怎样获得支持等。PSHE课程旨在形成一种有助于学习的良好氛围，通过教授各种规则，使学生建立起安全感，这是在学生之间、师生之间建立良好关系所必需的。

4.绅士教育

英国的绅士教育与其源远流长的贵族文化精神息息相关。在早期，只有贵族才能称得上绅士，而到了17世纪，绅士便不再局限于血统和出身，每个人都可以通过自己的努力成为举止得体、谈吐优雅、风度翩翩的绅士。

英国教育家、思想家约翰·洛克在他的著作《教育漫话》中，在基于前人的基础上将绅士教育系统化、理论化，将绅士教育推向了顶峰。同时他指出，绅士的品行可以大致归纳为三点，即"有远虑、有同情心以及有德行。"①在学校教育方面，教师一般会通过分组讨论和集体游戏让学生懂得辨别是非以及团结协作的重要性，使同学们发自内心地理解和接受伦理道德，而不是死记硬背；英国学校的绅士教育也有如孔夫子所说的"己所不欲，勿施于人"，教育学生学会换位思考；学校还鼓励学生饲养小动物，以培养学生的爱心和照顾他人的能力。

在家庭教育方面，英国人普遍认为，对孩子的过度娇宠和溺爱会对其独立性人格产生阻碍。因此，为了能够使孩子今后能尽快适应社会，他们从小就培养孩子独立自强的性格和品质。同时，英国允许家长在尊重孩子人格的基础上对孩子实行一定程度的体罚，以便孩子明白做事的规矩和章程。英国家庭还普遍都重视对孩子的礼仪教育，要求孩子不管是对父母还是兄弟姐妹，都要做到彬彬有礼。可见绅士风度需要长期从点滴引导，小到餐桌礼仪，大到道德教育，每个细节都不容忽视。

（三）英国高校公民教育的途径

1.课堂教学

英国高校公民教育主要是通过课堂教学进行的，在以往的公民教育中，教育内容是通过渗透在宗教教育、道德与伦理教育、社会与健康教育、历史和个人教育等课程之中进行传授的。20世纪80年代，英国教育部颁布了《道德教育大纲》，并规定向学生传授道德价值观是学校教学过程中的必要环节。②因此，现在英国的高校都普遍开设了宗教课和道德课，其中宗教课教材由英国教会根据教义编写而成，道德课的教材则是在相关学科的专家广泛征求社会对学校道德教育意见的基础上，以社会道德的基本理论为指导，进行充分调查研究编写而成的。在道德课上，英国高校主张教师通过情景教学或者联系实际进行隐

①约翰·洛克.教育漫话[M].傅任敢，译.北京：教育科学出版社，2001：8.
②苏振芳.西方主要国家学校道德教育走向简介[J].思想理论教育导刊，2003（8）：78-79.

蔽性的渗透，从而激发学生对课程的兴趣，使其在无形中受到感染和熏陶，并充分发挥学生自身的主观能动性，而不是对学生进行有明显说教性质的理论灌输以及对问题制定标准答案。

2.社会实践

社会实践是英国高校进行公民教育的重要途径，并且在英国高校中受到了广泛的重视。英国高校经常开展各种课外社会实践活动，并在其中渗透思想政治教育的内容。英国的课外实践活动形式包括环保公益活动、公益募捐活动、志愿者活动等，大学生通过社会服务和公益活动能够得到社会经验，并在实际工作中也能学习到如何与人相处、如何看待社会中的弱势群体等。这些活动不仅使大学生学习了道德教育的知识，同时也影响着学生的社会参与能力、社会责任心以及个人道德价值观念的发展。此外，参与选举活动也是社会实践的重要内容。英国政府在高校提出"在选举中学习"的学习方案，教育学生要有权责意识，这一方案的通过为学生提供了背景信息和课堂学习，将权责意识引入了课堂和生活。这些活动一方面能够引导大学生参加选举活动，另一方面还可以让学生模拟政党竞选，从而提高大学生的政治素质。

3.学校课外活动

学校课外活动也是英国进行公民教育的重要渠道。学生通过参与课外活动可以获得参与校园事务学习、管理的知识和经验，并且锻炼与人合作的能力，能够为将来参加政治生活和走向工作岗位打下良好的基础。首先，英国高校通过举办学术讲座、学术报告、学术论坛及学术会议等形式多样的学术活动，不仅可以有效提高学校的整体学术水平，还能够促进师生之间的交流，这种交流在潜移默化中影响学生的思维方式和学术精神，将公民教育的核心理念自然融入学生的学习与生活中，从而最终实现预先设定的公民教育目标。其次，在每学年伊始，学生可以对班级的规章制度进行集体讨论，进而参与到学校和班级的管理中来，他们在讨论中能够形成统一的意见从而制定班级的规章制度，并且学生还可以通过"言语礼貌周"或"听取意见周"等主题活动周为学校提出意见，参与到学校的事务管理中来，从而培养自己的责任意识。最后，学校还会定期组织学生与本校或其他学校的学生一起开展活动，使他们在集体活动中掌握合作的方法和沟通的技巧，不仅能够学会与他人合作，还能享受集体合作带来的乐趣。

4.互联网

科学技术的不断发展，使网络成为英国高校公民教育的重要途径和手段。英国有许多内容丰富、设计别致的网站，其内容有助于推动公民道德教育的顺利进行，同时这些网站也为教师和家长提供了良好的教育方法和经验。一方面，大学生可以通过互联网与其他来自不同学校的学生共同讨论社会上的热点问题，比如环境污染、全球变暖、人道主义、妇女权利等等，针对每一个主题，他们还会自由组织课堂对关心的问题进行更加深入的探讨。另一方面，在网络舆情控制方面，英国非常注重操作的规范性。在英国网络公民教育专家和学者的引导下，英国公民的网络道德规范问题也有了相应的解决之道，虽然仍然存在网络犯罪问题，但是由于英国对网络立法的规范，在一定程度上减少了网络上的不文明和犯罪行为。

（四）英国高校公民教育的特点

1.道德教育与学生指导相结合

如中小学大都设有道德指导教师，这一类教师"对受他教导或不受他教导的学生负责提出建议和给予忠告"①。一些大学则挑选训练有素的人担任学生顾问，当学生遇到思想问题时，就耐心地给予开导，这种做法有利于学生在实际生活中形成正确的价值观和养成良好的行为习惯。

2.道德教育与校园美化相结合

例如，牛津大学在学生每天经过的一条走廊里立起了大理石碑，上面用金字镌刻着该校在第二次世界大战中为国捐躯者的名单，这种做法不仅美化了校园环境，而且能够使学生在潜移默化中接受爱国主义教育。

3.注重道德教育与其他各科教学相结合

英国高校道德教育理论知识与其他学科相融合，既强调了道德行为主体的实践能力，又从多角度阐释了道德教育的内容。除了宗教课、道德课外，其他学科的教学也渗透着道德教育。例如，将法治教育和职业道德教育渗入民法、商法课程之中，将平等和诚信教育纳入经济类课程之中，将勇敢、拼搏、协作等精神纳入体育课程之中等。

4.道德教育与家庭教育相结合

在英国，道德教育也被视为家庭教育的主要职责，英国教育界普遍认为，离开了家长的支持与配合，学校的道德教育就很难取得理想的效果。

---

①朗特里.西方教育词典.上海：上海译文出版社，1988：195.

第二节

国外高校思想教育的启示

当前，在全球化浪潮的席卷下，其重要性愈发凸显，思想教育已成为世界各国共同关注的焦点。在这个竞争日益激烈的时代，思想教育不仅关乎个人的品德塑造和价值观形成，更关系到国家的文化软实力和国际竞争力。鉴于不同国家拥有各自独特的历史背景和社会制度，其思想教育的内容和方式自然呈现出明显的多样性。通过对比研究，国外高校思想教育为我国的思想政治教育提供了宝贵的经验。

一、教育目标上突出民族精神

美国强调宣扬"美国精神"，即培养具有"对国家有强烈忠诚感"的美国人，让青少年成为富有民主精神、勇于开拓的人，即认为"当一名美国人比当任何其他国家的国民更好"的美国人，并由此造就了一批敢作敢为、大胆进取的"世界公民"。日本注重忠诚、勇敢、节俭和团队精神的灌输，通过历史、道德和体育教育培养学生的国家认同感和自豪感。他们强调社会责任感和参与意识，使日本人在困难面前能团结奋斗。英国则教导学生尊重传统、崇尚自由，并鼓励他们探索和创新。英国政府通过历史、文学和艺术教育让学生深入了解本国文化，同时强调公民责任，激励年轻人参与国家建设。新加坡强调培养"新加坡人"意识，通过教育、社区活动和媒体宣传弘扬敬业乐群、勤劳进取等精神。这种教育增强了国家凝聚力，为新加坡的繁荣提供了动力。韩国则通过"弘益人间"的教育理念，传承和弘扬民族传统和精神。学生从小被灌输爱国、忠诚、团结和进取的价值观，共同为国家的繁荣努力。

因此，我国高校思想政治教育目标也必须鲜明地突出对民族精神的培育。这种培育不仅是对学生个人品格的塑造，更是对中华民族整体精神的传承与弘扬。我们要将高校思想政治教育深深植根于中华民族五千年的悠久文化之中，通过教育引导学生深刻理解中华文化的独特魅力和深邃内涵。在实施过程中，我们要坚持从现代社会实践出发，结合时代特点，重新审视、阐述和理解中华民族文化的传统意义和现代价值，让传统文化焕发新的生机与活力。同时，我们也要以开放包容的心态，学习和借鉴世界其他民族优秀文化成果，丰富和拓展我们的教育内容。但在此过程中，我们必须保持清醒的头脑，确保我们的教育内容不偏离弘扬和培育民族精神的目标。

大力弘扬和培育高校学生的民族精神，对于凝聚中华民族的全部力量、增强我国综合国力、实现中华民族伟大复兴具有不可估量的作用。这种民族精神的培养，能够激发学生的爱国热情，增强他们的民族自豪感和归属感，促使他们积极投身于中国特色社会主义事业、推动中华民族伟大复兴的实现。

二、教育内容上突出时代性与丰富性

西方国家的思想教育，包含着政治教育、道德教育、宗教教育、心理教育、绅士教育等。其内容不仅深植于悠久的文化传统之中，更吸纳了现代社会的多元价值观与最新思潮。从古典哲学到现代心理学，从公民权利教育到全球视野培养，西方国家的教育体系巧妙地将这些元素融入思想教育之中，旨在培养具有批判性思维、社会责任感及全球竞争力的人才。这些多样的教育内容，不仅丰富了学生的知识结构，也促进了他们个性的全面发展与价值观的多元构建。

鉴于此，面对全球化与信息化的双重挑战，我国思想政治教育内容同样应当与时俱进，不断丰富与创新，以体现教育内容的丰富性和时代性。我们不仅要坚守中华优秀传统文化这一精神家园，深入挖掘如诚信、仁爱、和谐等思想的时代价值，将其作为培养学生品德修养的基石；同时，我们也应将社会主义核心价值观融入其中，引导学生树立正确的世界观、人生观、价值观。在此基础上，我们应紧跟时代步伐，将科技创新、可持续发展、生态文明建设等现代议题纳入教育内容，增强学生的时代责任感和使命感。

同时，为了培养学生的创新思维和实践能力，我们可以增设更多跨学科、实践性的课程和项目。比如，通过创业教育，激发学生的创业热情和创新能力，为他们未来成为创新型企业家或社会创新者打下基础；通过社会责任教育，鼓励学生参与志愿服务、社会调查等活动，增强他们的社会责任感和公民意识。此外，还可以利用模拟联合国、国际文化交流节等活动，拓宽学生的国际视野，提升他们的跨文化交流能力。

此外，在数字化时代，网络思想政治教育已成为不可或缺的一部分。我们可以利用大数据分析学生的兴趣和需求，为他们提供个性化的学习资源和路径；通过虚拟现实（VR）、增强现实（AR）等技术，打造沉浸式的学习模式，使抽象的理论知识变得直观易懂。同时，加强网络思政平台的建设和管理，确保教育内容的正确性和时效性，营造健康向上的网络文化环境。

总之，我国思想政治教育内容的丰富性和时代性是实现教育现代化、培养未来社会所需人才的关键。我们应以更加开放包容的心态，积极吸收国内外先进教育理念和经验，不断创新和完善教育内容体系，通过深化教育改革、加强实践与创新教育、推动网络思想政治教育发展等措施，努力培养出一批批具有深厚爱国情怀、强烈社会责任感、卓越创新能力和宽广国际视野的社会主义建设者和接班人。

三、教育方式上突出思想上的疏通引导

西方发达国家的高校在思想政治教育上，倾向于采用自由教育、博雅教育以及普通课

程中蕴含的理性道德元素，潜移默化地影响学生的思想道德。它们巧妙地将各学科内容与思想政治教育相融合，使教育内容更加鲜活且贴近学生实际，从而加强了思想教育的引导性和实效性。国外，尤其是西方国家，普遍倡导将高校思想政治教育深植于学生的日常生活中，强调以学生为中心，关注并解决他们的现实问题，以此拉近思想政治教育与学生的距离，显著提升教育效果。

鉴于此，我国高校的思想政治教育亦需不断革新，进一步强化疏通引导作用。我们应当借鉴国际先进经验，将思想政治教育与学生日常紧密结合，通过更加贴近学生需求、易于接受的方式，引导学生树立正确的世界观、人生观和价值观，确保思想政治教育既有深度又不失温度，真正成为学生成长道路上的指路明灯。

在东西方价值观念交织、多元文化并存的全球化背景下，传统的单向灌输式教育模式已难以满足当代教育的需求，启发与疏导式教育模式的兴起，标志着教育理念的根本性转变。这种转变不仅是对教育方法的革新，更是对教育理念的深刻反思与重构。过去，道德教育往往被置于理想化的高台之上，过分强调宏大的道德理想和共产主义精神的灌输，却忽视了对学生个体现实生活与成长需求的细致关怀。它侧重于建立一套外在的行为规范，要求学生无条件遵从，却未能充分引导学生如何在复杂多变的现实生活中做出道德判断和选择。这种"一刀切"的做法，不仅难以激发学生的内在动力，反而可能削弱他们对道德教育的认同感和接受度。

长期以来，思想政治教育被过度简化为社会和国家发展的政治工具，其功能被局限在调动人们积极性、促进社会进步上，而忽视了教育本身应有的人文关怀和个体发展价值。当个人利益与集体或国家利益发生冲突时，这种观念往往要求学生无条件牺牲个人以服从大局，这种对个体需求的轻视，不仅违背了以人为本的教育理念，也限制了思想政治教育应有的深度和广度。

随着时代的发展，大学生的主体意识日益觉醒，他们不再满足于被动接受既定观念，而是倾向于从个人需求和发展出发，主动选择、理解和内化思想政治教育的内容。因此，当前的思想政治教育必须顺应这一趋势，将关注点从宏大的社会目标转向具体的学生个体，从生活实践出发，引导学生树立正确的世界观、人生观和价值观，帮助他们解决成长过程中的困惑并迎接挑战。

具体而言，高校应致力于构建一个开放、包容、互动的教育环境，鼓励学生积极参与讨论、思考和实践。通过案例教学、角色扮演、社会实践等多种形式，让学生在真实或模拟的情境中体验道德冲突、做出道德选择，从而培养他们的道德判断力和责任感。同时，高校还应关注学生的心理健康和个性发展，为其提供必要的心理支持和职业规划指导，帮助他们实现自我价值和社会价值的和谐统一。

总之，在新时代背景下，高校思想政治教育应坚持以人为本，关注学生的个体差异和全面发展，通过启发与疏导相结合的方式，引导学生树立正确的思想意识，为他们的成长成才奠定坚实的基础。

四、教育模式上突出社会实践的综合性

许多美国学者都认为，单纯的道德伦理规范的灌输对学生道德水平的提高成效有限，他们强调，实践才是道德教育的核心路径，它能够让学生在实践中深化道德认识，强化道

德责任，并滋养道德情感。当前，高校思想政治教育效果不佳的主要原因，一方面是思想政治教育的效果评估具有模糊性，这种模糊性在学生的个人成长和就业过程中显现出了滞后性和不确定性。因此，在高速发展的市场经济环境下，学生容易滋生对思想政治理论课程的轻视态度。另一方面，作为主渠道的思想政治教育理论课，其长期过分依赖理论灌输的教育方式。

高校思想政治教育旨在培养学生的道德素质，而这些道德素质本质上就来自社会生活规范。学生唯有通过参与社会生活实践，融入人际关系网络，方能真正学习和内化这些规范。生活是最好的老师，只有在真实的生活情境中，学生才能学会应对生活的挑战，领悟生活的真谛。因此，为提升思想政治教育的实效性和针对性，教学模式亟须向更加注重社会实践的综合性方向转型，确保教育内容与现实生活紧密相连，让学生在实践中感悟、在感悟中成长。

国外高校非常重视思想教育与社会实践的综合。他们深刻认识到学生作为社会中的一员，其成长无时无刻不受周围环境的深刻影响。而教育的核心使命，就在于教会学生如何在这复杂多变的社会中立足、热爱生活并积极贡献，同时明确履行作为社会成员的基本职责。高校学生如果缺乏对社会实践的参与，将难以获得宝贵的心灵体验，也难以获得适应国际社会的综合能力。

因此，在西方国家，思想政治教育从来就不是某一部门的事情，而是由全社会来共同承担的工作。在当今经济全球化与信息化并进的社会，多元文化思潮和价值观念交互激荡，大学生群体与社会的互动愈发紧密、深入且广泛。如果将大学生思想政治教育仅仅定格于高等学校，而忽视或放弃社会教育体系的构建，就意味着放弃了许多潜在的教育阵地和机会。进一步加强和改进大学生思想政治教育工作，高校理所当然肩负着首要责任。然而，加强和改进大学生的思想政治教育工作，绝不仅仅是高校的事情，而是包括学校、家庭等在内的全社会的事情。在全球化的新语境下，我们必须具备"大思政"的宏观视野，整合所有可利用的资源与手段，包括家庭教育的温馨熏陶、学校教育的系统引导，以及大众传媒的广泛传播等，共同编织一张紧密而有力的思想政治教育网络。这样，不仅能营造一个好的思想政治教育的氛围，还能保持思想政治教育的持续性与有效性，使学生在良好的环境中接受思想的洗礼，提高思想境界。

同时，多数西方国家在思想政治教育过程中，重点往往落在学生信仰的培育与日常行为规范的遵守上，而非仅仅聚焦于道德课程的考试分数。许多学校虽然制定了详尽的学生行为守则，以确保学生行为符合社会期望，但并未设立严苛的道德课程评价体系。以英国高校为例，其思想政治教育独具特色，根植于"德行、智慧、礼仪与学问"的深厚土壤之中，旨在全面塑造学生的品格。英国高校致力于培养学生的社会责任感、公民意识以及无私奉献的精神，同时强调勇敢、诚实与无私等高尚品质的重要性。这一过程不仅关乎知识的传授，更在于引导学生形成与社会主流价值取向相契合的价值观、积极的人生态度以及坚定的信念。通过这样的教育方式，学生不仅能够在学术上追求卓越，更能在道德层面实现自我超越，成为既有深厚学识又具备良好品德的未来社会栋梁。

因此，大学生的思想政治教育必须紧密贴近生活实际，积极引导学生走出校园，投身于广阔的社会大舞台，去"阅读"真实的生活篇章，亲身体验社会的激烈竞争、积极合作以及错综复杂的人际关系。这样的过程不仅能丰富学生的社会经验，还能促使他们在实践中深化对自己、他人及社会的理解。

第五章

新时代高校思想政治教育亲和力的现状调查

在之前的探讨中，我们已经对高校思想政治教育的亲和力进行了初步的理论分析，涉及与其相关的概念、构成要素、理论基础以及国外经验启示等多方面内容。德国思想家歌德曾在《浮士德》中指出，"理论是灰色的，而生命之树常青"，这突出了实践之于理论的"鲜活生命力"。高校思想政治教育亲和力的提升不能仅停留在理论层面，它同样需要具体实践的支持。因此，基于理论研究的成果，我们有必要通过实证方法深入探究当前高校思想政治教育亲和力的实际情况。这不仅能帮助我们更全面地了解其现状，还能揭示影响亲和力提升的关键因素。这样的研究将为构建更具亲和力的思想政治教育理论体系提供坚实的基础。

第一节

问卷调查的基本情况

一、问卷调查对象

本研究采取目的取样的方式，以辽宁省多所高校的学生为调查对象。调查依托问卷星线上平台，时间为2022年12月至2023年4月，共发放$2.326×10^3$份问卷，全部收回，回收率为100%。具体样本分布见表5-1。

表5-1　调查对象的样本分布情况

基本信息		频数	比例（%）
性别	男	672	28.89
	女	1654	71.11
年级	大一	1131	48.62
	大二	450	19.35
	大三	384	16.51
	大四	278	11.95
	研究生	83	3.57
所学专业	文史哲类	33	1.42
	医学类	1967	84.56
	理工类	223	9.59
	艺术类	52	2.24
	其他	51	2.18
对所在高校思想政治理论课亲和力总体表现的评价	非常具有亲和力	1153	49.57
	有一定的亲和力	1074	46.17
	基本没有亲和力	63	2.71
	不清楚	36	1.55

二、调查问卷设计

调查问卷采用了自编问卷，是在参考相关问卷的基础上，结合高校思想政治工作特征和相关文献分析，根据项目分析、信度分析、效度分析编制而成。问卷分为调查对象的基本信息和主体问卷两个部分。问卷内容包括思想政治教育亲和力总体表现、教育者、教育目标、教育内容、教育方法和教育环境等多个维度，共计25题。

三、信度与效度分析

在调查研究中，信度①与效度②分析的重要性不容忽视，它们是确保研究质量、提升研究结果可靠性的关键步骤。由于信度与效度分析仅仅是针对量表数据，非量表数据一般不进行信度与效度分析，因此，在本研究中，著者主要选取8道量表题（问卷第4、6、11、12、14、16、18、20题），利用SPSS 26.0和EXCEL软件进行信度与效度分析。

通过删除或修正各项以评估其对量表一致性的影响。表5-2为删除和修正项后得出的标度指标，观察到删除和修正项后的克隆巴赫系数③值均小于总体克隆巴赫系数值0.814（见表5-3），这表明量表的内部一致性符合评估标准。

表5-2 项总计统计

问题	删除项后的标度平均值	删除项后的标度方差	修正项后与总计的相关性	删除项后的克隆巴赫系数
4.您认为思想政治理论课教学内容与您的实际生活相关度如何？	12.94	10.303	0.601	0.783
6.您认为您所在的高校思想政治理论课亲和力总体表现如何？	13.30	11.710	0.589	0.786
11.您在上课前对即将要上的思想政治理论课的内容掌握如何？	12.12	11.461	0.487	0.799
12.您对思想政治理论课的基本态度是什么？	13.19	11.275	0.652	0.777
14.您是否积极参与思想政治理论课的课堂活动？	12.84	10.884	0.536	0.793
16.您认为您所在高校的思想政治理论课教师的理论水平如何？	13.56	12.391	0.501	0.798
18.您对思想政治理论课的教学内容认同感如何？	13.57	12.394	0.566	0.794
20.您是否经常在课上或者课下向思想政治理论课教师请教您的困惑？	12.52	11.583	0.429	0.809

---

①信度是指测验结果的一致性、稳定性及可靠性，一般多以内部一致性来表示该测验信度的高低。信度系数愈高即表示该测验的结果愈一致、稳定与可靠。
②效度是指测量结果反映想要考察内容的程度。测量结果与要考察的内容越吻合，则效度越高；反之，则效度越低。
③克隆巴赫系数是一套常用的衡量心理或教育测验可靠性的方法，依一定公式估量测验的内部一致性，作为信度的指标。该系数介于0.80~0.90之间时，可认为测验的信度较高。

表5-3 可靠性统计

克隆巴赫系数	项数
0.814	8

计算修正后的项与总得分之间的相关性。这些删除与修正值有助于评估每个项对整体量表的贡献。因此，本研究所使用的问卷在信度方面表现良好，数据可靠性较高，适合用于科学研究。

见表5-4，KMO[①]值为0.863，在巴特利特检验[②]中，近似卡方[③]为5564.486，自由度[④]为28，显著性p[⑤]<0.01。因此，本次关于新时代高校思想政治教育亲和力现状的问卷调查所收集的数据具有较高的可靠性和有效性，问卷的结构合理，题目设置科学，能够较为准确地反映高校思想政治教育亲和力的现状。

表5-4 KMO 和巴特利特检验

KMO 取样适切性量数		0.863
巴特利特检验	近似卡方	5564.486
	自由度	28
	显著性	0.000

①KMO检验统计量是用于比较变量间简单相关系数和偏相关系数的指标，取值在0和1之间，KMO值接近1，意味着变量间的相关性越强，原有变量越适合作因子分析。

②巴特利特检验用于检验样本数据的相关性矩阵是否为单位矩阵，检验变量之间是否存在足够的相关性以进行因子分析。

③近似卡方通常是指在统计分析中使用的卡方检验的近似值，尤其是在样本量较小或数据不完全符合卡方检验的假设时。它用于检验观察频数与期望频数之间的差异。

④自由度是指在给定约束条件下，能够自由变化的独立数据点的数量，其直接影响统计检验中分布检验结果的显著性水平。

⑤p值也称显著性值，用于描述某个事件发生的概率情况，其取值范围介于0到1之间，不包括0或者1。通常情况下p值有三个标准，分别是0.01、0.05和0.1。

第二节

问卷调查的结果分析

一、新时代高校思想政治教育亲和力存在的问题

（一）教育主体亲和力不足

教育主体是教育实践过程中的基本要素，是直接对教育对象产生影响的人，教育主体的亲和力是高校思想政治教育亲和力的直接表现。从总体上来看，目前高校思想政治教育者具备较高的素养，但是在理论、人格与情感上依然存在一些问题。

1.部分教师理论学习不扎实，理论深度不够

调查发现（见表5-5），72.57%的同学对所在高校思想政治教师的理论水平表示"非常满意"，但也有25.37%的学生对此表示"一般满意"。此外，还有0.86%的学生不满意；1.2%的学生无感。以"马克思主义基本原理"为例，这一课程抽象性、理论性较强，要求教师具有较高的理论水平。然而，由于当前高校思想政治教师队伍中多是青年教师或兼课教师，他们在对"马克思主义基本原理"这门课的讲授上缺乏系统性、科学性与整体性，尚处于由深入领会教材向深入把握教学体系迈进的阶段，因而影响了高校思想政治教师理论亲和力的提升。

表5-5 "您认为您所在高校的思想政治理论课教师的理论水平如何？"的调查结果

选项	频数	比例（%）
非常满意	1688	72.57
一般满意	590	25.37
不满意	20	0.86
无感	28	1.2

2.部分教师师德师风不高尚，人格高度不够

调查显示（见表5-6），在对"您认为思想政治理论课教师人格魅力不足的表现有哪些？"这一问题的回答中，9.76%的学生选择了"言行不一致"，12.08%的学生选择了"气质欠佳"。当前，随着社会主义市场经济的不断发展，传统的教师职业道德受到了前所未有的利益冲击，部分教师出现了为师不尊不廉、消极怠工以及非人道对待学生等各种职业道德失范现象，这都在不同程度上侵蚀着高校思想政治教育队伍的机体，阻碍了高校思想政治教育亲和力的提高。

表5-6　"您认为思想政治理论课教师人格魅力不足的表现有哪些？"的调查结果

选项	频数	比例（%）
言行不一致	227	9.76
安于现状，缺乏热情	778	33.45
气质欠佳	281	12.08
专业知识水平不过关	181	7.78
其他原因	859	36.93

3.部分教师教育热情不高涨，情感温度不高

调查显示（见表5-7），30.74%的学生偶尔参加思想政治理论课的课堂活动，2.28%的学生从不参加思想政治理论课的课堂活动。可见，高校思想政治教师的专业热情会密切影响学生在课堂上的参与热情，热爱教育、关爱学生的教师能够进一步激发学生对思想政治教育的兴趣，更容易与学生进行和谐融洽的课堂互动，从而充分焕发思想政治教育的活力，提升高校思想政治教育的情感温度。

表5-7　"您是否积极参与思想政治理论课的课堂活动？"的调查结果

选项	频数	比例（%）
每次都参加	772	33.19
经常参加	786	33.79
偶尔参加	715	30.74
从不参加	53	2.28

（二）教育内容亲和力较弱

思想政治教育内容有亲和力意味着教育内容贴近学生生活，深入学生内心，能够促进学生将思想政治理论运用于实践，并为解答生活中的具体困惑提供世界观和方法论的指导，进而使学生更加积极主动地接受和学习思想政治教育。然而，调查发现（见表5-8），当前高校思想政治教育存在教学内容针对性、育人性与时代性较差的问题。

表5-8　"您认为目前思想政治理论课教学内容上存在的主要问题有哪些？"的调查结果

选项	频数	比例（%）
注重理论知识灌输，忽视思想方面引导	867	37.28
教学内容远离学生生活实际，缺乏理论深度	722	31.04
思政课教师队伍素质不高，缺乏人文关怀	35	1.5
其他原因	702	30.18

1.教育内容的针对性不突出

高校思想政治教育内容的针对性主要表现在教育内容同学生的现实生活和思维方式紧密结合。提升高校思想政治教育内容的针对性，是高校满足学生的个性化发展需要的必要途径。调查发现，38.09%的学生认为当前思想政治理论课教学内容与实际生活相关度很大，21.33%的学生认为当前思想政治理论课教学内容与实际生活相关度一般，3.91%的学生认为当前思想政治理论课教学内容与实际生活相关度较弱甚至为零。

可见，虽然大部分学生认可思想政治理论课教学内容与实际生活的相关性，但仍有一部分学生对这种联系持保留或否定态度，提示教学内容与实际生活的结合仍有进一步优化的空间。

表5-9 "您认为思想政治理论课教学内容与您的实际生活相关度如何？"的调查结果

选项	频数	比例（%）
很大	886	38.09
较大	853	36.67
一般	496	21.33
较弱	54	2.32
无	37	1.59

2.教育内容的育人性不充分

高校思想政治教育课是落实高校立德树人根本任务的关键课程，这就要求高校思想政治教育内容按照理论育人和实践育人的双重要求，以知行合一的方式促进学生的全面发展。然而，据调查发现，5.16%的学生认为思想政治课教学空泛、只讲大道理；18.01%的学生认为思想政治课教学枯燥，难以吸引注意力。这表明，当前的思想政治教育内容仍偏向于枯燥的理论讲述，缺乏足够的实践性和吸引力，难以有效激发学生的学习兴趣。

表5-10 "您对您所在高校的思想政治理论课教学的总体印象如何？"的调查结果

选项	频数	比例（%）
空泛，只讲大道理	120	5.16
枯燥，难以吸引注意力	419	18.01
深刻，理论性很强	940	40.41
活跃，能够很好地联系学生	847	36.42

3.教育内容的时代性不鲜明

"明者因时而变，知者随事而制。"随着高校思想政治教育环境条件的不断变化，高校思想政治教育内容只有及时更新和丰富，才能保证其时效性，促进高校思想政治教育内容亲和力的提升。然而，当前仍有部分教师单纯依靠思想政治教育课本，缺乏对时政知识与社会热点的补充拓展，这也就从一定程度上削弱了高校思想政治教育的感召力。

（三）教育载体运用模式化

思想政治教育载体是思想政治教育亲和力提升过程中极为显著和活跃的标志。当前，随着互联网的快速发展，特别是人工智能领域的创新突破，思想政治教育载体也需要随之改善与创新，以促进其亲和力的提升和现代化的发展。然而，调查发现，当前高校思想政治教育载体仍有运用单一、守旧的问题。

表5-11　"您认为思想政治理论课教学方法是否主要采用了传统的理论知识灌输方法？"的调查结果

选项	频数	比例（%）
是	1250	53.74
否	1076	46.26

1.教育载体运用单一

当前，高等教育现代化改革推动了教育载体的多样化发展。然而，据调查发现，53.72%的学生认为当下部分高校仍沿用传统的知识灌输方法。这种以教师为主体、以理论课为载体的思想政治教育虽然能够完成主要教学任务，但又在一定程度上造成了知识传播的单向性，忽视了学生的主体性作用，进而影响了思想政治教育实效性的提高。

2.教育载体运用守旧

在信息化、社会化的新形势下，信息量的膨胀与学生的多样化需求在为思想政治教育载体创新提供广阔发展空间的同时，也为其带来了新的挑战。调查发现，86.84%的学生认为在课堂教学中经常会用到现代信息技术，13.16%的学生认为思想政治理论课教师在课堂教学中使用现代信息技术的频率不高。此外，对前者进一步追问得知，目前教师上课时主要借助课件来教学，而对其他教育载体的创新运用较少。

表5-12　"您的思想政治理论课教师上课时会用到多媒体课件等现代信息技术
进行课堂教学吗？"的调查结果

选项	频数	比例（%）
经常会用	2020	86.84
偶尔用	290	12.47
不用	16	0.69

（四）教育环境亟待优化

良好的思想政治教育环境是提升高校思想政治教育亲和力的重要保障。从一般意义上来讲，高校思想政治教育环境主要受到现实环境（如高校及社会环境）及虚拟环境（如网络环境）的影响。在新时代背景下，多种社会思潮相互交织、碰撞，可能会对广大人民群众，特别是理想信念尚未成熟的青年大学生的世界观、人生观和价值观产生一定冲击。这些新情况都在一定程度上影响着高校思想政治教育环境亲和力的提升。

1.校园环境有待优化

提升高校思想政治教育环境，首先要提升思想政治教育课堂环境。就课堂环境来看，高校思想政治教育课堂中还存在学生活跃度不高的问题。如表5-7所示，仅有33.1%的学生每次都参加课堂活动，甚至还有2.28%的学生从不参加课堂活动。此外，就校园活动而言，人文氛围逐渐被消解，具体表现为活动秩序混乱、主旨模糊以及学生滥竽充数、敷衍了事等方面。

2.社会生态日渐异化

高校思想政治教育在社会生态中形成并逐步发展，其亲和力的提升亦会受到社会生态的影响。目前，意识形态复杂化和市场追求逐利化不同程度地侵蚀着当下社会生态的健康机体，进而逐步消解了高校思想政治教育的亲和力。一方面，某些西方发达国家以更加隐蔽的方式向我国输入与国家主流意识形态相悖的思维方式和价值观念；另一方面，在市场经济逐利化的影响之下，一些青年学生的价值选择更趋向于实用主义，因此出现了重专业教育而轻思想政治教育的"瘸腿现象"。如表5-13所示，仅有43.21%的学生高度重视思想政治理论课的学习。

表5-13 "您对思想政治理论课的基本态度是什么？"的调查结果

选项	频数	比例（%）
非常重要，应该认真学习	1005	43.21
重要，但是不如自己的专业课重要	1112	47.81
可有可无，感兴趣的同学可以选修	185	7.95
不重要	24	1.03

3.网络阵地建设不充分

当前，互联网在给高校思想政治教育亲和力提升提供了极大便利的同时，也带来了一些问题和挑战。其一，网络舆论引导不力，各种不良言论及作品充斥于网络生态中，致使网络舆论生态混乱；其二，高校及社会网络思政媒体运营不足，思想政治教育内容被泛娱乐化的碎片内容所侵蚀；其三，大数据具有偏好追踪的优势，这就可以将诸多网友特别是作为"网络原住民"的大学生推入"信息茧房"中，使其陷入信息选择的困境。

二、新时代高校思想政治教育亲和力的问题归因

高校思想政治教育是一项复杂的社会性活动，我们可以从大学生群体状况、高校内部环境、社会环境三个方面探究其存在问题的主要原因。

（一）大学生群体思想状况变化多样

首先，大学生群体有多样性和个性化的特征。大学生来自不同的地域、家庭且具有不同的文化背景，他们具有多元化的思想观念、价值观念和行为方式。这种多样性和个性化使得大学生在接受思想政治教育时表现出不同的接受程度和反应。此外，社会环境的变化也影响着大学生的思想观念变化和价值观念的变化。

其次，大学生的心理发展阶段与社交需求的影响。大学生处于青春期向成年期的过渡阶段，心理发展尚未完全成熟，同时他们面临着与同龄人建立联系和维持社交关系的压力。这种心理发展阶段和社交需求使得大学生在思想政治教育中更加注重自我认同和群体

归属感。

最后，大学生的关注点和视野不断变化。随着大学生知识水平和综合素质的不断提高，当代大学生普遍关注社会问题、时事热点和国际化趋势，他们对新鲜事物和多元文化具有较高的敏感度和兴趣，对思想政治教育的期望和要求也越来越高。这种关注点和国际化视野使得大学生在思想政治教育中更加注重与时俱进和跨文化交流。

因此，深入了解大学生群体状况，并据此调整和优化思想政治教育策略，是提升教育亲和力和效果的关键所在。

（二）高校内部教育多元因素影响

首先，在教育资源的多样性上。高校作为知识和文化的聚集地，拥有丰富的教育资源，包括图书馆、实验室、讲座、课程等。这些资源的多样性为思想政治教育提供了广阔的空间和丰富的素材。然而，如何将这些资源有效地整合到思想政治教育中，使其与大学生的实际需求相契合，是提高亲和力的关键。如果教育者能够充分利用这些资源，通过多元化的教学方式和途径，将思想政治教育内容生动、具体地呈现给学生，那么学生就更容易产生共鸣和兴趣，从而提高亲和力。

其次，在教育者队伍的多元化上。教育者队伍是思想政治教育的重要力量，他们的素质和能力直接影响教育的质量和效果。在高校内部，教育者队伍由不同学科背景、不同教育理念、不同教学风格的人组成，他们的多元化为思想政治教育提供了更多的可能性和创新空间。教育者之间的交流和合作，可以使思政教育借鉴不同学科的知识和方法，拓展思想政治教育的领域和深度。同时，教育者队伍的多元化也可以带来不同的教学风格和思路，使得思想政治教育更加生动、有趣，从而提高亲和力。

最后，在教育内容的丰富性上。高校思想政治教育的内容涵盖了政治、经济、文化、社会等多个领域，这些内容的丰富性为教育提供了广阔的舞台。然而，如何将这些内容有效地组织起来，使其与大学生的实际需求相契合，是提高亲和力的关键。在教育过程中，教育者应该根据大学生的特点和需求，选择与之相关的教育内容，通过深入浅出的讲解和生动的案例，使学生更好地理解和接受这些内容。同时，教育者还应该注重将理论与实践相结合，引导学生将所学知识运用到实际生活中去，从而提升教育的实践性和亲和力。

因此，充分利用高校内部教育资源的多样性、教育者队伍的多元化以及教育内容的丰富性，可以使思想政治教育更加生动、有趣、有深度，从而提高亲和力效果。

（三）社会环境中不良价值观念的影响

首先，社会环境中的不良价值观念与高校思想政治教育的核心理念可能产生冲突。在多元化和复杂化的社会环境中，各种价值观念相互碰撞、交融，其中不乏一些与高校思想政治教育的核心理念相悖的不良价值观念。这些不良价值观念可能包括功利主义、享乐主义、个人主义等，它们与高校思想政治教育倡导的集体主义、奉献精神、社会责任等价值观存在明显的差异。当大学生在社会环境中接触到这些不良价值观念时，他们可能会产生困惑、迷茫甚至抵触情绪，从而影响他们对高校思想政治教育的认同感和接受度。

其次，社会环境中的不良价值观念容易影响大学生的心理发展和价值观念形成。大学生正处于心理发展和价值观念形成的关键时期，他们的思想活跃、好奇心强，容易受到外界信息的影响。大学生长期接触和接受不良价值观念，可能会形成扭曲的心理状态和错误的价值观念。这种心理和价值观念上的偏离，不仅会影响大学生的个人成长和发展，也会削弱他们对高校思想政治教育的信任和认同。

最后，社会环境中的不良价值观念对高校思想政治教育策略提出了挑战。面对复杂多变的社会环境和大学生群体的思想状况，高校思想政治教育工作者需要不断创新教育策略和方法，以应对不良价值观念带来的挑战。这要求高校思想政治教育工作者要深入了解社会环境和大学生群体的特点，结合时代要求和教育目标，制定具有针对性和实效性的教育策略。同时，高校还需要加强与社会各界的合作与交流，共同营造积极向上的社会氛围，为大学生提供良好的成长环境。

因此，高校可以通过加强与社会各界的合作与交流、创新教育策略和方法、提高大学生的心理素质和价值观念水平等方式，提升思想政治教育的亲和力，为培养具有正确价值观念和社会责任感的优秀人才贡献力量。

第六章

新时代高校思想政治教育亲和力提升的原则与路径

新时代，思想政治教育教学缺乏亲和力是高校教育所面临的一个现实问题，但是作为高校立德树人主阵地的思想政治教育教学，肩负着"培养什么人、怎样培养人"的伟大使命。因此，探寻新时代高校思想政治教育亲和力提升的原则和路径便成为当前值得研究的重要课题。

第一节

新时代高校思想政治教育亲和力提升的原则

2019年，习近平总书记曾在学校思想政治理论课教师座谈会上指出，推动思想政治理论课改革创新，要不断增强思政课的思想性、理论性和亲和力、针对性，并提出"八个相统一。"①此次讲话所提出的"八个统一"内涵丰富、寓意深刻，不仅为高校思想政治教育改革创新指明了方向，同时也为高校思想政治教育亲和力的提升提供了原则性的指导。新时代高校思想政治教育亲和力的提升，需要在坚持科学性与人文性相结合、导向性与生活化相结合、理论性与实践性相结合、继承性与创新性相结合、显性教育与隐性教育相结合的原则下进行。

一、科学性和人文性相结合

科学性是高校思想政治教育的基石。马克思主义理论是科学的世界观和方法论，提升高校思想政治教育亲和力要以马克思主义理论为指导，坚持科学的世界观和方法论，以确保教育内容的真实性和准确性。高校思想政治教育从马克思主义理论中汲取话语资源，以中国特色社会主义话语体系为依据，尊重教育对象的成长规律、思想政治教育发展规律等，以确保所传授的思想政治教育理论内容准确无误。保证高校思想政治教育的科学性还应该采用科学的教学方法，如案例教学、问题导向学习、小组讨论等，培养学生的批判性思维和创新能力，使学生能够独立思考和解决问题。此外，高校还应该建立科学的评估体系，对学生的思想政治教育成果进行客观、公正的评估，根据评估结果，及时调整教学策略和方法，提升教育效果。

人文性是提升高校思想政治教育亲和力的关键。"以人为本"是人文性的体现，是马克思主义唯物史观的根本原则。提升高校思想政治教育亲和力要坚持从马克思主义人学出发，提倡"以生为本"的教学理念，教育者在培养人、教育人的同时要尊重学生的需求、

---

① 习近平主持召开学校思想政治理论课教师座谈会强调：用新时代中国特色社会主义思想铸魂育人 贯彻党的教育方针落实立德树人根本任务[N].人民日报，2019-03-19（1）.

关心学生的成长，注重情感交流和人文关怀，通过倾听、理解、关心和支持等方式让教育对象感受到尊重与关心，从而增强大学生对思想政治教育的认同感和归属感。同时，高校教育者在教学过程中要充分考虑教育对象的需求，其话语内容要紧紧围绕教育对象最关心、最感兴趣的话题，要少说教，少刻板，多说服，多人情。注重营造和谐宽松的教育氛围，构建平等对话的话语范式，拉近教育双方的心理距离，让学生在轻松愉快的氛围中接受教育，提升教育的感染力和影响力。

因此，提升高校思想政治教育亲和力，遵循科学性和人文性相统一是至关重要的。这不仅是对教育内容的丰富，更是对教育方法和理念的深度革新。高校要不断探索和实践，不断完善教育内容和方式，以更好地满足学生的需求和社会的发展。

首先，遵循科学性与人文性相结合，既要强调理论的科学性，也要注重学生的需求和情感体验。在教学过程中，教师要坚持严谨客观的学术态度，确保所传授的知识、理论和方法都具有坚实的科学基础，为学生提供一个清晰、准确、全面的世界观和方法论，帮助他们更好地理解和分析复杂的社会现象和问题。但科学性并非思想政治教育的全部，关注学生的需求和情感体验也是其中的一部分。在高校思想政治教育中，教师要尊重学生的个性差异，关注他们的内心需求和情感体验，引导他们形成积极向上的人生态度和价值观念。要采用更加人性化、情感化的教育方式，让学生感受到温暖和关怀，从而激发他们的学习热情和动力。

其次，遵循科学性与人文性相结合，就要积极地探索教育教学的新模式。随着科技社会的飞速发展，传统的教学方法已难以完全满足新时代大学生的多元需求。因此，积极探索并践行创新教育模式，如项目式学习、实践性教学等，显得尤为重要。这些创新教育模式能够更好地融合科学性和人文性。在科学性方面，它们注重学生的实践能力和问题解决能力，使学生在掌握科学知识的同时，还能提高解决问题的能力。在人文性方面，它们关注学生的全面发展，注重培育学生的团队合作精神、创新精神等人文素质，使他们在获得知识的同时，也能在情感、态度和价值观等方面得到全面的提升。

最后，遵循科学性与人文性相结合，要着力加强师资队伍建设，提高教师的专业素养和人文素质。一个优秀的师资队伍不仅应该具备深厚的专业素养，还应具备良好的人文素质，并能够深刻地理解科学性与人文性的统一，将这种理解融入日常的教育实践中。高校可以通过组织教师培训、开展教育交流等方式，让教师深刻理解二者之间的联系与区别，并通过分享成功的教学案例，交流教学心得，使教师之间可以相互学习、共同进步。同时，学校也应为教师提供相应的支持和保障，鼓励他们在实践中不断尝试和创新，为培育具有创新精神和实践能力的学生做出更大的贡献。

二、导向性与生活化相结合

导向性是思想政治教育的核心功能和重要特征之一。思想政治教育的价值取向是以何种指导思想开展思想政治教育活动和培养什么样的人的问题。我国思想政治教育是社会或社会群体用一定的思想观念、政治观点、道德规范，对其成员施加有目的、有计划、有组织的影响，使他们形成符合一定社会要求的思想品德的实践活动。从其定义可以看出，其价值取向受到社会、国际政府以及思想政治教育者等因素的影响。思想政治教育作为一定社会思想政治要求和规范的传播及引导活动，其目的和价值规定着其开展教育的内容必须是政府对社会成员的政治期望和要求，鲜明地体现了其强大的导向性作用。

生活化是提升高校思想政治教育亲和力的重要属性。它是指高校思想政治教育的内容要贴近教育对象生活，了解教育对象的需求，并与大学生的生活实际相结合，实现思想政治教育政治性与生活化相结合。一方面，教育者要积极从生活中挖掘其最受教育对象欢迎且富有生活气息的资源，并将其运用到教学过程之中，这既能够增加教育双方的共同话语，也能用通俗的语言解释抽象晦涩的理论，有助于教育对象对教学内容的吸收和内化。另一方面，理论不仅来源于实践，还解释和指导实践。高校教师要从大学生最感兴趣和最关心的话题入手，及时调整教育的策略和内容，并用亲和的话语耐心地帮助他们解答生活方面的疑惑和不解，从而强化大学生对高校思想政治教育的情感认同。

因此，高校思想政治教育不仅要彰显其鲜明的导向性，还要紧密结合生活化的元素，从而提升高校思想政治教育的针对性和实效性，更好地服务于学生的成长和发展。

首先，遵循导向性与生活化相结合，要注重思想政治教育内容要素与生活性内容要素相结合。高校思想政治教育的本质特征要求其必须强调导向性内容的核心要素，其涵盖了国家的政治理念、核心价值观以及党的基本路线、方针政策等，这些内容对于培养学生的政治觉悟、国家意识和公民责任都具有重要意义。同时，教育内容也应该贴近学生的生活实际，关注学生的成长需求和热点问题，通过将二者相结合，拉近教育内容与大学生社会生活之间的距离，使教育内容更具有现实意义和吸引力。

其次，遵循导向性与生活化相结合，要推动多样化的课堂教学和实践教学相结合。一方面，高校教师要改变传统单一的授课方式，引入多媒体、案例分析、小组讨论、角色扮演等多样化的课堂教学活动，激发学生的学习兴趣，提高其参与度，使思政教育更加生动有趣。另一方面，学校要利用假期时间，组织学生参与社会实践活动，让学生在实践中体验和感悟教育的内容。这种生活化的教育方式可以使学生更加深入地理解和接受教育内容，提高思想政治教育的实效性。

最后，遵循导向性和生活化相结合，要注重营造和谐的校园氛围，发挥环境育人的作用。一方面，学校可以通过校园文化建设、班级文化建设等方式，在校园各处适当展示各种标语口号、党建知识等，营造积极向上的校园氛围，潜移默化地影响学生的思想和行为，促进他们形成正确的世界观、人生观和价值观。另一方面，学校还应该充分利用各类社会资源，为学生提供丰富的学习和生活体验。例如，组织大学生参观革命纪念馆、博物馆等红色革命基地，使他们在实践中感受到历史的厚重和文化的魅力，增强历史自信与文化自信。

三、理论性与实践性相结合

理论性是高校思想政治教育的特性之一。"思想政治教育话语作为观念上层建筑，其话语方式反映了一定阶级对于政治关系、社会关系的理论认识，具有自身的理论体系和理论深度。"[①]思想政治教育之所以能被称为一门科学，是因为它有着马克思主义这一坚实的理论基础。思想政治教育这一实践活动要坚持以马克思主义为指导，高校思政教师应对教育对象系统传授马克思主义基本理论及其中国化理论创新成果，要求教师自身具备扎实的马克思主义理论功底及思想政治教育学科的专业知识。习近平总书记主张教育者要"以

---

① 洪波.思想政治教育话语范式转换研究[M].杭州：浙江大学出版社，2012：52.

透彻的学理分析回应学生，以彻底的思想理论说服学生，用真理的强大力量引导学生。"①

实践性是高校思想政治教育亲和力的重要组成部分。理论源于实践，也归于实践，思想政治理论课在人的实践中进行教学活动产生亲和力，同时这些亲和力又引导着教育教学活动。思想政治教育的实践性是指思想政治教育内容应当关注并反映现实情况，并对现实情况的改进与发展作出指导，强调理论性需要通过强化实践性来实现，因为理论性功能的发挥取决于理论对实践的指导能力。因此，思想政治理论教育教学亲和力不能脱离实践，否则就会成为无源之水、无本之木。提升思想政治教育亲和力必须坚持理论性与实践性的统一，既用科学的理论武装人、培养人，也要充分发挥实践育人的功能。

遵循思想政治教育理论性与实践性相结合应注重思政课堂与社会生活相结合。思想政治教育课虽然是以理论的方式讲授给学生的，但是学生也必须在实践中融会贯通，否则就会产生所学理论无用的错觉。如果实践不深入，学生的认知往往停留于感性认识之上，不能有效地将经验上升为理论，这就会产生经验与理论知识的落差。因此，应该推动思政小课堂同社会大课堂的有机结合。

首先，在思想政治教育课堂上，思想政治教育工作者要能够敏锐地捕捉并正确回应教育对象所关注的社会热点、难点问题，将思政小课堂拓展到社会大课堂。思想政治教育不能只单纯地讲授理论，而是要在讲授理论的同时增强学生的理论自觉与理论自信。因此，在思想政治教育课堂上，教师要以学生日常生活中所遇到的基本问题为基点，及时解答学生在实践中遇到的问题，使思政小课堂连接社会大课堂。例如，思想政治教育工作者应该通过各种渠道了解现在大学生的思想动态，考查学生的所思所想，回应学生的理论关切，培养其理论兴趣，提升他们的理论素养。

其次，教师应鼓励和支持大学生深入基层，走向社会，向人民群众学习，在社会实践中提升自己观察问题、了解问题、剖析问题和解决问题的能力，从而砥砺家国情怀，激发使命担当。1890年9月7日，恩格斯在《给〈萨克森工人报〉编辑部的答复》一文中表达了要在实践中向工人学习的思想。文中写道："但愿他们能懂得：他们那种本来还需要彻底的、批判性的自我修正的'学院式教育'，并没有授予他们有资格在党内担任相应职位的军官证书；在我们党内，每个人都应该从普通一兵做起……一句话，他们这些受过'学院式教育'的人，总的来说，应该向工人学习的地方，比工人应该向他们学习的地方要多得多。"②在这方面，我们已经有了一些积极的探索。例如，中宣部、中央文明办、教育部、共青团中央、全国学联持续组织开展的全国大中专学生志愿者暑期文化科技卫生"三下乡"社会实践活动，要求各校师生利用暑假期间，围绕当前中国经济社会发展的重大现实问题，开展系统、规范的社会调研活动，使学生深入基层，不仅提升了自身的理论素养，也提高了将理论应用到现实的实践能力。

最后，在推动理论性与实践性相结合的过程中，既要防止"泛理论性"，也要防止"泛实践性"。所谓"泛理论性"是指刻意追求思想政治教育的理论灌输，忽视乃至抛弃思想政治教育的实践性。其过分强调理论性，必然导致理论讲解晦涩、抽象、深奥，难以激发教育对象的主观能动性，教育者讲授的思想观点也难以被教育对象接受并内化，最终导致教育的效果也大打折扣。与"泛理论性"相对应的是"泛实践性"。"泛实践性"是

①习近平主持召开学校思想政治理论课教师座谈会强调：用新时代中国特色社会主义思想铸魂育人 贯彻党的教育方针落实立德树人根本任务[N].人民日报，2019-03-19（1）.
②中共中央马克思恩格斯列宁斯大林著作编译局.马克思恩格斯文集：第4卷[M].北京：人民出版社，2009：397.

指淡化甚至抛弃思想政治教育的理论性，片面强调实践性。其过分强调实践性，则会导致思想政治教育的理论讲授缺乏系统性、全面性和整体性，甚至会导致思想政治教育泛娱乐化，这种形态完全违背了思想政治教育应有的作用和使命，也容易使青年学生产生对思想政治教育的反感情绪，影响极为恶劣。因此，在实际教学过程中，必须竭力防范这两种倾向。

四、继承性与创新性相结合

思想政治教育具有继承性，它不能从零开始。在中华民族数千年的历史中，先辈们为我们留下了宝贵的传统文化。继承性是高校思想政治教育的重要基石，更是其独特魅力和持久生命力的源泉。一方面，先辈们为高校思想政治教育提供了深厚的文化底蕴和文化支持。更好地挖掘和传承这些宝贵的文化遗产，并将其融入思想政治教育课堂之中，可以使思想政治教育更具有说服力和感染力，增强学生的参与感和认同感。另一方面，先辈们也为高校思想政治教育提供了多种行之有效的教学方式。例如，"循循善诱"的他教方法要求思想政治教师以启发式视角，举一反三，针对某问题结合案例进行深入剖析，采用大学生听得懂的语言，引导受教育者进入语境中去理解；儒家的"慎独正己"的自我教育法尊重受教育者的主体地位，充分调动他们参与课堂的积极性，实现话语共享；"积善成德"的实践法则注重学生的实践锻炼，强调道德品质的形成需要日积月累地锻炼。如今的思想政治教育则更强调大学生的身体力行，唯有通过身体力行的实践探索，方能深刻触动大学生的心灵，从而显著提升高校思想政治教育的实效性与感染力。

思想政治教育是一门与时俱进的课程，教师必须始终立足于时代前沿，把握时代特征，不断探索和创新思想政治教育的方法和手段，以适应时代的需求和挑战。一方面，思想政治教育的内容需要创新。随着社会的快速发展和科技的进步，人们的思想观念、价值观念和生活方式都在不断发生变化。因而需要创新性的思想政治教育来适应新的时代需求，为受教育者传递更具有时代性的正确价值观和道德观，帮助他们形成符合时代要求的良好品质，从而推动社会的和谐稳定和繁荣发展。另一方面，思想政治教育的教学方法需要创新。随着时代的发展，创新性的思想政治教育方法更能够激发大学生的兴趣和积极性，提高教育的吸引力和感染力。引入新的教学手段、教学内容和教学形式，可以使思想政治教育更加生动有趣且富有启发性，从而提高教育效果。

首先，推动继承性与创新性相结合，要坚持守立场之正，创传授之新。高校思想政治教育的根本出发点和落脚点始终是坚持马克思主义的基本立场，坚持正确的政治方向和政治原则，其是加强对大学生进行理论传授和思想武装的根本要求。在此基础上，教育者要认真研究学生的认知规律和接受特点，探索教育规律和方法，最大限度地发挥学生的主体性作用，实现理论传授之新，以新方式方法满足学生对知识的需求。

其次，推动继承性与创新性相结合，要坚持守方向之正，创育人之新。毛泽东指出："没有正确的政治观点，就等于没有灵魂。"[①]坚持正确的政治方向，就是要始终坚持马克思主义的指导地位和社会主义的根本方向，就是要始终坚持马克思主义与中国实际相结合、与中华优秀传统文化相结合，不断强化对马克思主义最新理论成果的传授，确保坚定正确的育人方向。同时，高校思想政治教育以立德树人为根本任务，要不断推动全过程、

① 中共中央文献研究室.毛泽东文集：第7卷[M].北京：人民出版社，1999：226.

全课程、全方位育人模式的深化发展。通过构建以课程育人、服务育人、组织育人等为核心内容的育人体系，确保让思想政治教育全面融入学习、生活和社会实践的各个环节，从而实现多维度、融合性、交叉式的育人目标。

最后，推动继承性与创新性相结合，要坚持守方法之正，创手段之新。坚持马克思主义基本方法，是思想政治教育的方法论遵循，在此基础上，我们还要创新手段，推动学生更加积极主动地参与到高校思想政治教育课堂之中。在因材施教方面，要坚持实事求是的原则深入了解和把握学生的总体情况、知识需求和个体差异，有针对性地进行思想政治教育，并采用科学灵活的方法进行个别引导。在教学方法上，要注重将传统的方法融入现代教学，实现传统方法与现代方法的交汇和融通，借助现代新媒体，将知识具象化、直观化，提升学生认知内化的效果和程度，实现教育方式和手段的多样化。在教学内容上，不仅要注重对中国传统德育理论内容的传授，还要将当前的时政热点、生活案例等融入思想政治教育之中，积极吸纳标志着时代新风貌和未来社会新走向，反映特定年轻人的情绪和心理的时代话语内容，及时补充不断出现的新理论、新范畴和新表述，努力实现"秉承传统精神之要义、聚合时代精神之精髓"的发展目标。

五、显性教育与隐性教育相结合

显性教育，是指"在公开场合，教育者向教育对象明确教育内容与目标，通过具有知识性、理论性和认知性的教学活动和社会实践活动所形成的一种教育模式。"[1]高校思想政治教育以显性教育为主，其主要表现为思政课程、形势与政策课、辅导报告会、主题班会等方式。在显性教育中，教育主体、客体、介体和环体都是直接显露的，知识性教育内容往往以显性教育实现，最终达到"立竿见影"的目的。同时由于其更具备规范性，能够让教育者遵循一定的教学计划和教育目标，从而使高校思想政治教育教学更加快速和更有效率地实施。

隐性教育，是指教育者将教育内容等隐含在预设的教育环境中，"通过各种潜在的方式将教育内容渗透进受教育者的头脑之中，并让其在受教育者心中慢慢沉淀，最终达到'润物细无声'的效果。"[2]高校思想政治教育以隐性教育为辅，其主要表现为校规校纪、校园文化、大学精神等渗透方式。在隐性教育中，不仅受教育者能够依据自身需求选择教育内容和方式，主体性得到较大关注，而且隐性教育场域具备开放性的特征，在很大程度上打破了时间和空间的限制，并且各要素都是隐性的，有利于学生在日用而不觉中接受到无意识教育，实现良好的教育效果。

在新时代背景下，习近平总书记在学校思想政治理论课教师座谈会上提出的"八个相统一"中，明确强调了显性教育与隐性教育相统一的原则，直指"教育之道"。这呼吁我们在高校思想政治教育过程中，积极推动显性教育与隐性教育的有机结合，使其统一发展、同向同行，使高校思想政治教育既有"惊涛拍岸的声势"，也有"润物无声的效果"。

首先，推动显性教育与隐性教育相结合，要推动思政课内部显隐的同向同行。习近平

---

① 姚素文.显性教育与隐性教育相结合的思想政治教育模式探究[J].学校党建与思想教育，2012（6）：58-59.
② 黄建军，赵倩倩.高校思想政治教育显性教育和隐性教育相统一的内在逻辑与路径优化[J].思想教育研究，2020（11）：118-122.

总书记曾指出："思政课是落实立德树人根本任务的关键课程，思政课作用不可替代，思政教师队伍责任重大。"①就思政课而言，其也存在着显性教育和隐性教育两种方式。显性教育主要是指教育者对受教育者进行理论灌输、知识讲解和答疑解惑等，而隐性教育则主要熔铸在教育者对受教育者进行显性教育的方式方法之中，二者是一个双向同构的过程。一方面，要强调思政课显性教育中的隐性渗透。充分重视思政课的价值性、实践性、多样性、主体性和自主性，通过形式多样的教育载体，将教育目标和教育内容隐含在喜闻乐见的形式之中，以良好的教育氛围潜移默化地影响受教育者。另一方面，教师本身就是隐性教育的素材来源，要加强教育者的师风师德建设，为受教育者树立正确的榜样。办好思政课，关键在教师。孔子云："其身正，不令而行；其身不正，虽令不从。"一个优秀的教师不仅应该拥有渊博的学识，还应该具有优秀的品格和高尚的人格，这样才能对学生产生潜移默化的影响。

其次，推动显性教育与隐性教育相结合，要推动思政课程与"课程思政"的同频共振。2019年3月18日，习近平在学校思想政治理论课教师座谈会上的讲话中指出："坚持显性教育和隐性教育相统一。思政课要做思想政治教育的显性课程。有人提出把思政课变成隐性课程，完全融入其他人文素质课程中，这是不对的。我们办中国特色社会主义教育，就是要理直气壮开好思政课。同时，要挖掘其他课程和教学方式中蕴含的思想政治教育资源，实现全员全程全方位育人。既要有惊涛拍岸的声势，也要有润物无声的效果，这是教育之道。"②从规范意义上来讲，高校思政课是思想政治教育的最主要的显性渠道。任何时候，思政课的主渠道地位都不能丢，高校必须旗帜鲜明地讲、大张旗鼓地讲，把思政课办得有声有色、绘声绘色。同时，也要在打造"金课"和淘汰"水课"的基础上建设"课程思政"，深入挖掘其他各门课程中所蕴含的思想政治教育资源，实现其他各门课程与思政课的协同育人功能，从而构建思政课程与"课程思政"相互促进、共同发展的良好局面。

最后，推动显性教育与隐性教育相结合，要发挥课程育人与文化育人的协同效应。2019年3月18日，习近平在学校思想政治理论课教师座谈会上的讲话中指出："'为学须先立志。志既立，则学问可次第着力。立志不定，终不济事。'要成为社会主义建设者和接班人，必须树立正确的世界观、人生观、价值观，把实现个人价值同党和国家前途命运紧紧联系在一起。随着我国日益扩大开放、日益走近世界舞台中央，我国同世界的联系更趋紧密、相互影响更趋深刻，意识形态领域面临的形势和斗争也更加复杂。学校是意识形态工作的前沿阵地，可不是一个象牙之塔，也不是一个桃花源。办好思政课，就是要开展马克思主义理论教育，用新时代中国特色社会主义思想铸魂育人，引导学生增强中国特色社会主义道路自信、理论自信、制度自信、文化自信，厚植爱国主义情怀，把爱国情、强国志、报国行自觉融入坚持和发展中国特色社会主义、建设社会主义现代化强国、实现中华民族伟大复兴的奋斗之中。"③就高校思想政治教育而言，如果说课程育人是显性教育的主要形式，那么文化育人就是隐性教育的主要形式。推动课程育人与文化育人的协同效应，具体来说，就是要我们在把握好课程教学这个主渠道的同时，更加注重校园文化建设，用形式多样和健康向上的校园文化涵养受教育者的世界观、人生观和价值观。一是要

---

① 习近平.思政课是落实立德树人根本任务的关键课程[J].求是，2020（17）：4-16.
②③习近平主持召开学校思想政治理论课教师座谈会强调：用新时代中国特色社会主义思想铸魂育人 贯彻党的教育方针落实立德树人根本任务[N].人民日报，2019-03-19（1）.

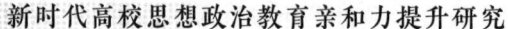

充分挖掘物质性的隐性教育资源。高校应加大对校园硬性基础设施的建设力度，并充分发挥其隐性教育功能。二是要加强制度性隐性教育。即主要通过宣传、学习、贯彻和督查，有效地帮助学生树立法治观念和规则意识。三是要营造积极进取的校风学风，以发挥精神性文化的隐性教育功能。一个学校的学风和校风是其精神性文化的核心体现，同时也具有强大的隐性教育功能，因此，高校应不断加强学校的学风校风建设，以积极进取、格调高雅的学风校风对学生产生潜移默化并深远持久的影响。

第二节

新时代高校思想政治教育亲和力提升的路径

"做好高校思想政治工作，要因事而化、因时而进、因势而新。"①探寻新时代高校思想政治教育亲和力提升的路径是研究的出发点和落脚点。将高校思想政治教育亲和力视作一个完整系统，在掌握其亲和力欠佳的困境之处，继而明确了相关原则的基础之上，本书主要以高校思想政治教育教师、高校思想政治教育内容、高校思想政治教育载体、高校思想政治教育环境、亲和力提升保障机制为切入口，来探寻高校思想政治教育亲和力提升的路径。

一、提升高校思想政治教育的教师亲和力

2021年4月19日，习近平在清华大学考察时的讲话中指出："教师是教育工作的中坚力量，没有高水平的师资队伍，就很难培养出高水平的创新人才，也很难产生高水平的创新成果。大学教师对学生承担着传授知识、培养能力、塑造正确人生观的职责。教师要成为大先生，做学生为学、为事、为人的示范，促进学生成长为全面发展的人。要研究真问题，着眼世界学术前沿和国家重大需求，致力于解决实际问题，善于学习新知识、新技术、新理论。要坚定信念，始终同党和人民站在一起，自觉做中国特色社会主义的坚定信仰者和忠实实践者。中国教育是能够培养出大师来的。我们要有这个自信，开拓视野、兼收并蓄，扎扎实实把中国教育办好。"②2019年3月18日，习近平在学校思想政治理论课教师座谈会上的讲话中指出："'经师易求，人师难得。'教师承载着传播知识、传播思想、传播真理，塑造灵魂、塑造生命、塑造新人的时代重任。思政课教师，要给学生心灵埋下真善美的种子，引导学生扣好人生第一粒扣子。我在全国高校思想政治工作会议上说

---

① 习近平在全国高校思想政治工作会议上强调：把思想政治工作贯穿教育教学全过程 开创我国高等教育发展新局面[N]. 人民日报，2016-12-09（1）.
② 新华社. 习近平在清华大学考察：坚持中国特色世界一流大学建设目标方向 为服务国家富强民族复兴人民幸福贡献力量[EB/OL]. [2021-04-19]. https://www.gov.cn/xinwen/2021/04/19/content_5600661.htm

过，"讲思想政治理论课，要让信仰坚定、学识渊博、理论功底深厚的教师来讲，让学生真心喜爱、终身受益"。办好思政课关键在教师。调动思政课教师的积极性、主动性、创造性，必须增强教师的职业认同感、荣誉感、责任感。必须旗帜鲜明讲清楚：讲好思政课不仅有"术"，也有"学"，更有"道"。思政课的政治性、思想性、学术性、专业性是紧密联系在一起的，其学术深度广度和学术含金量不亚于任何一门哲学社会科学！"①高校思想政治课教师作为立教之本、兴教之源，承担着传授知识、塑造灵魂的神圣使命，是新时代提升高校思想政治教育亲和力的主体力量。因此，要提升高校思想政治教育的亲和力，就要从优化教师队伍入手，具体来说，就是从拓展理论深度、提升人格高度、巩固情感温度三方面下功夫。

（一）拓展理论深度

理论只有足够彻底，才能把人说服。在高校思想政治教育领域中，教育者所展现的理论魅力，是决定其讲授的理论能否赢得学生信任和认同的关键因素。鉴于高校思想政治理论课程具有显著的政治特色，教育主体必须坚定自身的政治立场，具备扎实的政治理论基础，真正理解和深信马克思主义，同时拥有完善的知识体系。只有这样，他们传授的理论才能充满感染力和说服力，才会使学生真心实意地喜爱并接受马克思主义理论。

1.筑牢马克思主义理论基础

用理论的力量感染学生、说服学生。马克思主义理论基础不仅是教育学生的基石，更是引导学生走向正确思想道路的关键。教育者的个人专业素养往往直接关系到教育的效果和学生的获得感。具备扎实学识的教育者，在教育教学中能够更加得心应手，敢于和善于向学生输出和表达，反之，教师理论基础薄弱，则很难支撑教育环节的顺利进行，也难以满足学生多方面的知识需求。因此，高校思政教师不应仅仅停留在对马克思主义理论的基础了解上，而是要深入系统地研习马克思、恩格斯等经典作家的著作，不断夯实马克思主义理论基础。通过深入研读，教师才能明确经典著作中所蕴含的丰富思想智慧和深刻历史洞见，才能更加自觉地引导学生参与到教育过程中来，满足其日益增长的知识需求。这样的努力不仅能提升教师在马克思主义理论教学中的吸引力，也将为学生提供一个更加坚实、系统的思想引导。

2.广泛学习人文社科类理论知识

习近平总书记指出，思政课教师要"有知识视野、国际视野、历史视野，通过生动、深入、具体的纵横比较，把一些道理讲明白、讲清楚"。这就要坚持政治性和学理性相统一，在严密科学逻辑的基础上，通过事实和事例说话，把道理讲清。②根据"高校思想政治理论课05方案"的指示，高校思想政治理论课包括"原理""概论""纲要""基础"四门课以及"当代"等若干门选修课，这些课程涵盖了哲学、历史学及伦理学等大部分人文社科领域的知识。因此，就高校思想政治教育主体而言，要讲好讲透这些课程，必须要涉猎其他领域的知识，加强其对历史学、心理学、法学、教育学等相关学科知识的学习与理解，从这些不同学科和专业知识中汲取养分，为开展思想政治教育提供多元化视

---

① 习近平主持召开学校思想政治理论课教师座谈会强调：用新时代中国特色社会主义思想铸魂育人 贯彻党的教育方针落实立德树人根本任务[N].人民日报，2019-03-19（1）.
② 习近平.习近平治国理政：第三卷[M].北京：外文出版社，2020：330.

角、增添多样性内容，使其更加丰富和立体。只有当教师具备扎实的基本功和广阔的知识视野时，他们才能有效激发学生的学习活力和动力。这种深度和广度的知识积累，不仅能让学生感受到教师的专业素养，还能让学生产生对教师的信赖感和敬佩感。这种信赖和敬佩将进一步激活思想政治教育者的亲和力，使教育过程更加生动、有趣，也更具说服力。

3.萃取最新理论知识

习近平总书记曾明确指出："思想政治工作从根本上说是做人的工作，必须围绕学生、关照学生、服务学生。"[1]这一论断深刻揭示了思想政治教育的核心要义。思想政治教育是一个动态发展的过程，需要我们及时关注时政要点，不断地丰富和更新内容。特别是在大数据时代，知识的更新速度日新月异，为高校思想政治教育带来了新的机遇和挑战。面对"00后"大学生思维活跃、主体意识强烈的特点，教育者必须要与时俱进，紧跟时代步伐。具体而言，教育者不仅要密切关注国内外时事变化与理论动态，以确保思想政治教育内容的时效性和前沿性。同时，还要紧跟网络潮流，学习并掌握多媒体方面的知识，如社交媒体运营、数字化教学工具应用等。这样，在教育教学过程中，教师可以利用鲜活的理论知识和多样化的教学手段，激发学生的学习兴趣，增强他们的参与感和获得感。通过这种方式，教育主体不仅能够满足学生的发展需求，还能够提高自身的亲和力，与学生建立更加紧密的联系。这种亲和力的提升，将进一步促进师生之间的交流与互动，为高校思想政治教育工作注入新的活力和动力。

（二）提升人格高度

所谓教育主体人格高度，是指教育主体在性格、品德、气质和能力等方面的综合表现。学高为师，身正为范。教育者的一举一动、一言一行，时时刻刻影响着受教育者的思想观念、心理素质及行为方向，甚至对受教育者人生道路的选择也产生着不可抗拒的影响力。因此，只有教育主体自身具有高尚的人格、优秀的品德，良好的气质，才能对学生的成长起到正向的引导作用。为此，教育主体应从以下几方面着手，努力提高自身的人格亲和力。

1.塑造开朗的性格，以此感染和带动学生

在新时代教育背景下，高校思想政治教育工作的核心对象主要是朝气蓬勃、活力无限的"00后"大学生。为了更有效地与学生建立联系，思政教育者需积极塑造自身开朗、积极的性格特质，以此感染并带动学生。通过展现积极向上的态度和特质，教育者能够与学生形成更为和谐、平等的师生关系，赢得学生的信任和尊重，从而拉近与学生的距离。这种开朗的性格也有助于培养学生形成积极乐观的人生态度和良好品质，更能使他们在面对困难和挑战时更加从容不迫，学会成长与自我提升。在教学过程中，高校思政教师要时时处处流露出自信大方、乐观开朗、积极上进等正面性格特征，为学生营造出一个健康、积极、友爱的教学环境。在这样的教学氛围中，学生能感受到教师的真诚和温度，更容易产生亲近教师、亲近思政课的冲动与意愿。因此，教育者的榜样力量也将感染和激励着学生成为一个自信乐观、活泼开朗的个体，全面促进学生的健康成长与发展。

---

[1] 习近平在全国高校思想政治工作会议上强调：把思想政治工作贯穿教育教学全过程 开创我国高等教育发展新局面[N].人民日报，2016-12-09（1）.

2.加强师德修养，以德行引导学生成长

2018年5月2日，习近平在北京大学师生座谈会上的讲话中指出："古人说：'师者，人之模范也。'在学生眼里，老师是"吐辞为经、举足为法"，一言一行都给学生以极大影响。教师思想政治状况具有很强的示范性。要坚持教育者先受教育，让教师更好担当起学生健康成长指导者和引路人的责任。"①这意味着，对于教师而言，高尚的人品不仅是赢得学生尊重的关键，更是他们成长路上的重要指引。因此，教师必须要以身作则，发挥楷模榜样作用。对于思政课教师而言，他们更需要时时谨记自己的职责和使命，要通过自身的模范行为去影响和感染学生，要以身作则，发挥楷模的引领作用，使学生在教师的言行举止中，得到启迪，纠正错误，不断成长。高尚的人格魅力是教师宝贵的财富，它不仅能帮助教师在学生心中塑造可亲可敬的形象，更能激发学生对真善美的追求，从而促进他们的全面发展。为了提升教育主体的亲和力，高校教师必须积极向各类模范典型学习，提升自身素质，严于律己、言行一致、以身作则、诲人不倦、兢兢业业，展现出教师应有的良好品行。只有这样，高校教师才能真正成为学生人生发展道路上的引导者，最终实现"桃李不言，下自成蹊"的教育效果，为社会培养出更多品学兼优的优秀人才，推动教育事业的蓬勃发展。

3.提升专业能力，夯实教育基础

正如一个懂故事的人才能把故事讲好，教育者也需要具备扎实的理论功底，这是他们有效进行思想政治教育不可或缺的基石。作为学生的引导者，教育者应当树立典范，在个人的专业素养及实践能力方面要不断地加强自我学习和磨炼，持续地充实自己，提升自己的理论水平。只有当教育者具备了专业的知识素养，才可以使他们的思想政治教育更富有说服力，从而增强学生对所学内容的接受度。为此，教师要不断创新教学模式，灵活运用视频、图片等多元化教学手段，对学生关心的时事热点问题进行梳理和讲解，并将其巧妙地融入课堂之中，以此进一步拓宽学生视野，丰富他们的思想内涵。同时，教育者也要积极更新教育理念，遵循教育规律，不断丰富教学内容，改善教学方法，努力与新时代大学生群体的需求保持紧密对接，努力做到"接新时代之地气""接大学生之地气"，使亲和力在无形之中得到提升。

（三）巩固情感温度

马克思指出："如果你想感化别人，那你就必须是一个实际上能鼓舞和推动别人前进的人。"②高校思想政治教育的本质是爱的艺术，教师只有掌握教育艺术、富有真情实感，才能真正鼓舞学生，让思想政治教育真正深入人心。因此，巩固情感温度以提升高校思想政治教育的亲和力，就要搭建师生之间情感交流的金桥，构建有温度的情感关系。

1.教师要热爱教育，投身教育

百年大计，教育为本；教育大计，教师为本。思想政治理论课是落实立德树人根本任务的"关键课程"，习近平总书记更是要求广大思想政治理论课教师争做"六个要"新时代思政课教师，这既是对教师的期望，也是对教师职责的明确界定。因此，必须要让有信仰的人讲信仰，热爱教育的人来育人。高校思政教师应将思想政治教育看成实现自身价值

的伟大事业，以对学生负责、对党和国家教育事业发展负责的高度责任感投入教学，真正做到爱业、敬业、乐业。具体来说，爱业，意味着教师要对教育事业充满热情，愿意为之付出努力和时间，不断探索和创新教学方法，以满足学生成长的需求。敬业，则要求教师在工作中尽职尽责，严谨治学，用心备课，确保每一堂课都能为学生提供高质量的教学体验。乐业，则体现在教师对于教育工作的积极态度和乐观心态上，他们能够在教学中找到乐趣，享受与学生共同成长的过程。通过热爱教育、投身教育，教师不仅能够实现自身的价值，更能够为社会培养出更多具有高尚品德、丰富知识和创新精神的优秀人才，为党和国家的教育事业做出积极贡献。

2.教师要主动走近学生，关心学生

"思想政治教育不单单是教育者走向受教育者的单向过程，也是包含受教育者积极反馈、形成感受共鸣的双向过程。"[1]为了更有效地进行思政教育，思政课教师有必要深入学生群体，倾听他们的心声，理解他们的迷茫与追求。教师要站在学生的角度思考，积极回应他们的实际需求，实现从一刀切、无差别的"漫灌式"教学向精准、个性化的"滴灌式"教学的转变，确保每一位学生都能得到适合自己的教育。同时，一名思想政治教育工作者，也要不断提升自己的人格素养，以公平、和善的态度对待每一位学生。教师要有一双善于发现美的眼睛，去发掘每一位学生的独特之处和潜在优点，给予他们足够的鼓励和支持。要将自己置身于学生组织中，站在学生的角度，为学生着想，体验学生的心理需求，真正走进学生的内心。当学生遇到疑惑或困扰时，教师要主动伸出援手，以细腻的关怀和善良的爱意，与他们进行平等而深入的交流，用真诚的态度赢得他们的信任与喜爱。通过这样的方式，教师不仅能与同学们建立良好的师生情谊，更能让学生真正感受到教师的关爱与呵护，从而提升思想政治教育的亲和力，使教师与学生在思政教育的道路上共同前行。

3.教师要灵活运用教学语言，提高话语亲和力

对于高校思政教师而言，形成"微言大义"的语言风格至关重要，即表达应简洁有力，逻辑清晰，语言干净利落。在确保教学语言表达清晰准确的基础上，教师可以灵活运用亲切幽默、通俗化的表达方式，来解读马克思主义理论，为学生们提供一种全新的学习体验。这种教学方式有助于让学生慢慢感知到原来马克思主义并不是那么高高在上或毫无用处的，而是具有深刻的现实意义。同时，思政课教师在授课过程中还要注意书面语言与口头语言的转换。如果总是运用书面语言，则会像是在做教材知识的搬用，缺乏亲和力，但如果可以实现二者之间的有效结合，将自然提升教学的亲和力。同时，课堂的教学效果也会得到大大提高。正如列宁所提到的，"最高限度的马克思主义就等于最高限度的通俗化。"随着新媒体时代的到来，许多新兴词汇成为当下社会现实的直接反映。教师可以将这些词汇融入教育教学实践中，这不仅能活跃课堂气氛，吸引学生注意力，提高学生的主动参与度，还能进一步拉近师生距离，使学生改变对思政教师的传统印象，更好地满足学生的交流需求。

---

① 徐稳，葛世林.论思想政治教育亲和力提升的四重维度[J].思想政治教育研究，2021，37（1）：106-110.

二、提升高校思想政治教育的内容亲和力

思想政治教育内容亲和力是高校思想政治教育亲和力得以生成并持续提升的重要保障。当前，高校思想政治教育内容虽然丰富，但教材内容较为单调、理论知识晦涩难懂等问题降低了思想政治教育内容的亲和力，使思想政治教育效果大打折扣。因此，提升高校思想政治内容亲和力，要从提高教育内容的针对性、育人性和时代性三方面入手，推进思想政治教育内容的"供给侧结构性改革"。

（一）贴近生活、学生和实际，提升教育内容的针对性

在高校思想政治教育中，其内容通常以理论形式呈现，具有抽象、难懂的特点。教育内容只有贴近生活、贴近学生和贴近实际，学生才会更容易接受它们，并深刻体会到思想政治教育的实际价值。为了实现这一目标，具体来说，要做到以下三点。

1.让教育内容贴近生活，推动高校思想政治生活化教学

正如著名教育家陶行知先生所强调的"生活即教育"理念，教育应当深深扎根于生活的土壤，通过生活的实践来展现其真正的价值。习近平总书记也曾明确指出，"一种价值观要真正发挥作用，必须融入社会生活，让人们在实践中感知它，领悟它。要注意把我们所提倡的与人们日常生活紧密联系起来，在落细、落小、落实上下功夫。"①因此，在实际的教学过程中，教师要立足于学生的生活现实，主动将他们在现实生活中所遇到的社会问题和真实案例融入课堂，用这些生动、直观的生活案例来解释和阐释抽象的学科理论。教师应当摆脱形式化、教条化的桎梏，深入挖掘学生生活世界的内容素材，将教育内容与学生现实生活紧密相连，让思想政治教育内容变得更加生动鲜活，促进思想政治教育更具有"生活味"。同时，对于高校思想政治教育来说，相比于距离遥远的英雄，平凡的身边人、朴实的身边事更能打开学生的心扉。例如，在新冠疫情暴发期间的医护人员、扶贫路上的大学生村官以及众多默默付出的平凡英雄，都可以触动学生内心，起到榜样示范和精神鼓舞的作用。

2.让教育内容贴近学生，帮助学生实现知识内化

习近平总书记曾在全国高校思想政治工作会议上指出："思想政治工作从根本上说是做人的工作，必须围绕学生、关照学生、服务学生，不断提高学生思想水平、政治觉悟、道德品质、文化素养，让学生成为德才兼备、全面发展的人才。"②在当前复杂多变的社会环境下，学生往往会遇到各种疑惑和挑战。面对这些问题，思想政治教育工作者应及时、准确地回应学生的关切，为他们提供清晰的方向和合理的建议。高校思想政治教育内容是在教育过程中学生能够直接感受到的客观存在，教育内容是否是学生所感兴趣的、所需求的，直接关系到学生参与的热情与态度。因此，在传授思想政治教育知识时，教师要关注学生的价值诉求，明确将促进学生的全面发展作为追求目标，围绕学生的需求和兴趣，设置鲜明的主题内容，引导学生进行及时的交流互动，形成"知己知彼"的良好氛围。同时，教师应通过学生的反馈灵活调整教学内容，主动解答好学生的现实难题，提高学生对思想政治教育课的认同感与共鸣，引导他们自觉趋近并乐于接受教育内容。

① 习近平.习近平谈治国理政：第一卷[M].北京：外文出版社，2022：165.
② 习近平.在全国高校思想政治工作会议上的讲话[N].人民日报，2016-12-09（1）.

3.让教育内容贴近实际，促进学生知行合一

2019年3月18日，习近平在学校思想政治理论课教师座谈会上的讲话中指出："思政课教师要有知识视野，除了具有马克思主义理论功底之外，还要广泛涉猎其他哲学社会科学以及自然科学的知识。要有宽广的国际视野。学生经常会把国外的事情同国内的情况联系起来，这个过程就会产生一些疑惑。学生的疑惑就是思政课要讲清楚的重点。要善于利用国内外的事实、案例、素材，在比较中回答学生的疑惑，既不封闭保守，也不崇洋媚外，引导学生全面客观认识当代中国、看待外部世界，善于在批判鉴别中明辨是非。还要有历史视野。历史是最好的老师。思政课教师的历史视野中，要有5000多年中华文明史，要有500多年世界社会主义史，要有中国人民近代以来170多年斗争史，要有中国共产党近100年的奋斗史，要有中华人民共和国70年的发展史，要有改革开放40多年的实践史，要有新时代中国特色社会主义取得的历史性成就、发生的历史性变革，通过生动、深入、具体的纵横比较，把一些道理讲明白、讲清楚。"[1]实际生活是思想政治教育开展的基点，学习理论的目的是指导实践，只有那些能够与实际紧密结合的理论，才更具有吸引力和说服力。因此，高校思想政治教育工作者必须要深入了解教育对象的现实思维动态，有针对性地保持教育活动与现实情况的衔接，主动将学生实际中遇到的社会问题和真实案例融入教学中，用更直观的生动的生活案例阐释抽象的学科理论。同时，还要积极探索如何把思想政治教育内容更好地与发展着的社会相融合，使学生了解思想政治教育的价值所在，增强其对教育内容的认同感，积极参与各式各样的思想政治教育活动。在新时代背景下，高校思政教师要着眼新形势，积极引导学生参加科技创新、文艺创作等多元化的社会实践活动，帮助学生在思想政治教育实践活动中提高思想政治素养与综合素质，找到他们与社会发展的契合点，更好地认识社会，定位自己，科学规划自己的人生发展。

（二）注重学生心理疏导，增强教育内容的育人性

党的十七大报告指出，"加强和改进思想政治工作，注重人文关怀和心理疏导，用正确方式处理人际关系。"其中，人文关怀侧重满足学生多方面、多层次的情感需求，心理疏导则侧重疏通学生的心理障碍。二者相辅相成，互为补充，共同体现了对学生心理健康的重视，凸显出教育内容的育人性与亲和力。当前，学生承担着来自家庭、学校和社会的种种压力，不少学生容易出现焦虑、内耗等心理障碍问题，这些问题都严重影响了学生的健康成长。因此，及时关注学生心理健康状况的变化，加强对他们的心理疏导和人文关怀至关重要。

1.教师团队共同携手护航学生健康成长

加强顶层设计，统筹谋划开展学生心理健康工作，形成为学生健康成长保驾护航的强大合力。在实施这一策略时，辅导员发挥着至关重要的作用。作为学生最亲近的教育工作者之一，辅导员要主动与学生建立良好的沟通渠道，深入了解学生的学习和生活状况。通过日常的交流、咨询和辅导，辅导员能够及时发现学生可能存在的心理问题，并为其提供及时的帮助和支持。他们的关心和关注，能够让学生感受到温暖和关爱，从而更加积极地面对学习和生活中的挑战。同时，思政课教师和专业课教师也肩负着重要的责任。在传授

①习近平主持召开学校思想政治理论课教师座谈会强调：用新时代中国特色社会主义思想铸魂育人 贯彻党的教育方针 落实立德树人根本任务[N].人民日报，2019-03-19（1）.

专业知识和技能的同时，他们应该注重价值引领，将心理健康教育渗透到课程中。通过案例分析、课堂讨论、角色扮演等多种形式，引导学生树立正确的世界观、人生观和价值观，提高他们的心理素质和应对能力。这种渗透式教育不仅能够让学生在知识学习中得到启发，还能够让他们在实践中感受到心理健康的重要性。因此，只有辅导员、思政课教师和专业课教师共同努力，形成强大的合力，才能为学生的健康成长提供坚实的保障。

2.建立高校心理健康专业团队

建立高校心理健康专业团队，开设"线上＋线下"问诊平台，以心理慕课、心理普查等途径保障学生的心理健康。心理慕课作为一种新型的教育方式，可以让学生随时随地接受心理健康知识的普及和教育。通过生动的案例、实用的技巧和深入的分析，心理慕课能够帮助学生了解自身心理状况，掌握有效的自我调节方法，提高心理韧性和适应能力。同时，心理普查也是保障学生心理健康的重要手段。通过定期的心理健康测试和评估，学校可以及时了解学生的心理健康状况，发现潜在的心理问题，并采取相应的干预措施。这不仅能够为学生提供及时的帮助和支持，还能够预防心理问题的恶化和发展。在新时代，高校大学生面临着许多无形的压力，包括父母的殷切希望、同辈的内卷竞争、繁重的学业任务与就业的压力等。这些压力往往让学生感到焦虑和不安，长期积累下来就可能激化学生的心理矛盾，影响其健康成长。因此，建立高校心理健康专业团队，是新时代高校教育的必然要求。这不仅能够帮助学生缓解压力、解决心理问题，还能够促进学生的全面发展，为社会的和谐稳定做出积极贡献。

3.健全学生心理健康教育机制

将学生心理健康教育纳入高校人才培养质量体系，建立健全学生心理健康教育的相关制度与机制，以期用完善的制度保障和政策支持促进学生成长成才。将学生心理健康教育纳入高校人才培养质量体系，意味着将心理健康教育与专业知识教育、实践能力培养等相结合，形成全面、系统的人才培养方案。这要求高校在课程设置、教学计划、实践环节等方面都要充分考虑学生的心理健康需求，确保学生在学习的同时，心理健康也能得到同步发展。此外，建立健全学生心理健康教育的相关制度与机制是确保心理健康教育落到实处的关键。高校应制定完善的心理健康教育政策，明确教育目标、内容、方法、评估等方面的要求，为心理健康教育提供有力的政策支持。同时，高校还应建立健全心理健康教育的组织体系，明确各部门的职责和任务，形成协同合作的工作机制。在制度建设中，要注重学生心理健康教育的针对性和实效性，针对不同年级、不同专业、不同心理状况的学生，制定个性化的心理健康教育方案，确保每个学生都能接受适合自己的心理健康教育，以此来确保高校学生心理健康教育的持续健康发展。

（三）推动教育内容与时俱进，提升教育内容的时代性

习近平总书记在学校思想政治理论课教师座谈会上指出："国内外形势、党和国家工作任务发展变化较快，思政课教学内容要跟上时代，只有不断备课、常讲常新才能取得较好教学效果。"[①]这就要求高校思想政治教育应紧密契合国内外大局的变化，致力于培养全面了解国情、把握时代大势的人才。

---

① 习近平.用新时代中国特色社会主义思想铸魂育人 贯彻党的教育方针落实立德树人根本任务[N].人民日报，2019-03-19（1）.

1.关注国内时事

关注国内时事，特别是要在教学内容中体现习近平新时代中国特色社会主义思想。思想政治教育作为治党治国的重要基石，肩负着宣传当代中国马克思主义和21世纪马克思主义最新理论成果的重大使命，旨在为中国共产党的治国理政提供坚实的思想支撑。习近平总书记曾强调："时代是思想之母，实践是理论之源。"①进入新时代，我国面临着新的发展机遇和挑战，需要解决新的社会矛盾，制定新的发展目标与规划。这些新时代背景下的新事物、新挑战，无疑为高校思想政治教育提供了丰富的内容和生动的案例。教育者应紧密关注国内大事，特别是与习近平新时代中国特色社会主义思想紧密相关的事件。例如，党的二十大的顺利召开，是我国政治生活中的一件大事，对我国未来的发展具有深远的影响。教育者可以组织学生深入学习党的二十大精神，解读其中的重大理论和政策，引导学生站在新的历史高度看待问题，增强其爱国主义情怀。同时，教育者还可以结合疫情防控期间我国所展现出的中国特色社会主义的优越性，向学生讲述我国在全球抗疫中的积极贡献和取得的显著成效，从而坚定学生的理想信念，培养其民族自豪感。

2.放眼世界大势

放眼世界，将高校思想政治教育放在世界百年未有之大变局中来看待。在这个全球化的时代，各国的联系日益紧密，国际形势的变动也深刻影响着国内环境。特别是"00后"大学生，他们成长于信息爆炸的时代，求知欲旺盛，对国际热点事件具有极高的猎奇心理。高校思想政治教育要牢牢把握这一特点巧妙设置教学内容，将国际形势与国内发展紧密结合，引导学生以全球化的视角审视问题。例如，高校思想政治教学可以通过讲授疫情防控期间不同国家的防疫政策以及美国总统大选等内容，剖析其背后的政治生态和社会矛盾，使学生明白每个国家的政治体制和治理方式都有其独特性和复杂性。讲述不同国家在各方面的差别，不仅可以让学生了解世界的多元性，还能引导大学生认识中国特色社会主义的独特性和优越性，更加坚定对中国特色社会主义事业的信念和信心。同时，高校思想政治教育还应注重培养学生的国际视野和全球意识。通过介绍国际形势的变化和趋势，引导学生关注全球性问题，如气候变化、环境保护、恐怖主义等，让他们意识到作为地球村的一员，每个人都应承担起相应的责任并履行义务。

3.科学选择社会热点

科学选择社会热点，兼顾思想政治教育内容的"热度"与"准度"。社会热点之所以引人注目是因为它能够在较短的时间内将完整的信息表现出来，吸引大众的眼球。因此，教育者要将热点内容纳入教育范围，引领学生从事情表面深入内核，引导他们从表面现象深入问题本质，进行深层次的思考。在选取社会热点时，必须注意素材的质量。然而，由于信息来源的多样性，社会热点素材的质量参差不齐，学生受知识和阅历的局限，容易受到不良信息的误导。因此，教师在选择社会热点时，应格外慎重。首先，应优先考虑正能量的社会热点问题。这些话题能够传递积极向上的价值观，引导学生形成正确的世界观、人生观和价值观。其次，对于社会争议不断的社会热点，教师应谨慎对待。这类话题往往存在多种声音和观点，反转较多，结果难以预料。在结果未明之前，应保持客观中立的立场，引导学生全面、理性地看待问题。最后，对于明显负能量的社会热点，教师也不能回

---

① 习近平.高举中国特色社会主义伟大旗帜 为决胜全面小康社会实现中国梦而奋斗[N].人民日报，2017-07-28（1）.

避。教育者应凭借自身的知识积累，对问题做出及时的判断，避免被其误导。同时，也要迅速纠正学生的错误观念，引导他们从负面事件中吸取教训，形成正确的价值判断和行为准则。

三、提升高校思想政治教育的载体亲和力

高校思想政治教育载体是联系高校思想政治教育主体和客体的桥梁和纽带，载体的运用与选择对思想政治教育亲和力的提升有着重要的影响。如果载体选择合理、运用得当，就能促使高校思想政治教育各要素良性互动，推动思想政治教育产生更好的效果；反之，则会使高校思想政治教育各要素相互掣肘、互动紊乱，阻碍其作用的发挥和亲和力的提升。因此，提升高校思想政治教育亲和力的一个重要途径就是创新教育载体，用活教育方法，以具有合宜性、多样性、时代性的教育载体，达到事半功倍的思想政治教育效果。

（一）根据不同要素分别选择载体，保证载体的合宜性

高校思想政治载体是丰富多样的，并且伴随着社会发展和人类活动方式的变化不断更新自己的形态。按载体的表现形式来划分，我们可以将高校思想政治教育载体分为活动载体、大众传媒载体、网络载体、人际关系载体等。

1.根据高校思想政治教育的环境选择载体

根据高校思想政治教育的环境选择载体。这一策略要求教育者具备高度的敏感性和灵活性，能够针对不同环境的特点和需求，量身定制教育内容及其传播方式。例如，在家庭环境中，我们可以充分利用人际关系的紧密性和亲密性，选择人际关系作为思想政治教育的重要载体。家庭成员间的思想和情感交流对于塑造个人的世界观、人生观和价值观具有不可替代的作用。家庭成员之间的深入交流，可引导青年学生正确理解社会现象，培养他们的道德情操和政治素养，从而达到润物细无声的教育效果。在公共场所，由于人流量大、受众面广，我们需要借助更为广泛和高效的传播媒介来进行思想政治教育。电视、广播、报纸、网络等，具有信息量大、传播速度快、覆盖面广等特点，是在公共场所进行思想政治教育的重要工具。此外，在校园环境中，我们可以结合学生的日常生活和学习实际，选择多种载体进行思想政治教育。比如，通过组织丰富多彩的校园文化活动，让学生在参与中感受文化的魅力，提升审美情趣和人文素养；通过举办学术讲座和研讨会，引导学生关注社会热点和学术前沿，培养他们的思辨能力和创新精神；通过社会实践和志愿服务等活动，让学生深入了解社会现实，增强其社会责任感和使命感等。

2.根据高校思想政治教育的内容选择载体

内容决定形式，进而决定载体的选择。在选择教育载体时，我们必须充分考虑教育内容的特点和需求，以确保教育过程的高效和深入。例如，对于国内外形势政策、法律法规等对大学生知晓率要求较高的内容，可以发挥报纸、广播、电视等大众传媒载体的舆论导向和政治宣传的功能，帮助学生正确理解和把握形势政策，增强其法律意识和社会责任感。对于意志磨炼、品德养成等方面的内容，可以选择社会实习、野外训练等实践性较强的活动载体，在实践中，学生可以体验生活的艰辛和不易，意志品质和团队合作精神得到锻炼，同时也能提高自身的社会责任感和使命感。此外，对于不同专业的学生，我们还可以根据他们的专业特点和未来职业需求，选择更具针对性和实用性的教育载体。例如，对

于理工科学生，我们可以组织他们参与科研实验、技术创新等活动，培养他们的科学素养和创新精神；对于文科学生，我们可以组织他们进行文学创作、文化研究等活动，提高他们的文化素养和人文情怀。因此，精心选择和组合各种教育载体，能够确保教育内容的深入传播和有效接收，为学生的全面发展奠定坚实的基础。

（二）从多个方面组合运用载体，保证载体的多样性

在高校思想政治教育过程中，由于目标的多样性、对象的复杂性等原因，一味地"单兵作战"只会削弱高校思想政治教育的亲和力，导致教育效果大打折扣。因此，高校要转变思路，采取"多兵种协同作战"的策略，从多个方面组合运用载体，整合不同载体的力量，充分发挥高校思想政治教育的协同效应和合力，提高学生的参与度和兴趣，使他们在轻松愉快的氛围中接受思想政治教育，进而提升教育的效果和质量。

1.科学地选择载体

认真研究教育过程中各要素特别是教育对象和教育内容的特点，科学地选择载体。以教育对象为例，大学生群体是一个具有鲜明特点的群体，他们通常拥有一定的理论基础和实践经验，对于新知识的吸收和应用能力较强。同时，他们还具有活跃的思维和独立的思考能力，对于教育内容有着自己的理解和判断。因此，在选择教育载体时，我们需要充分考虑教育内容与教育载体的特点，确保所选载体能够与学生的认知水平和兴趣点相契合。以红色党史为例，它既是历史的回顾，又是理论的传承。其内容具有理论性和实践性相统一的特点，这就要求我们在选择教育载体时，既要能够传达其理论深度，又要能够体现其实践价值。只有这样，才能让学生在接受教育的过程中，既能够深入理解党史的理论内涵，又能够将其应用于实践，增强自身的政治素养和道德情操。因此，在高校思想政治教育中，我们应当根据教育过程中的各要素特点，科学地选择教育载体。例如，在讲授红色党史的内容时，我们可以科学运用活动载体。一方面，我们可以通过开展专题性的理论教育活动，如讲座、研讨会等，来深入剖析党史的理论精髓，提高学生的政治素养。另一方面，我们还可以组织多样的文化活动，如红色主题的文艺演出、党史知识竞赛等，让学生在轻松愉快的氛围中感受党史的魅力，陶冶自身的道德情操。

2.在恰当的时机对教育载体进行及时调整

以教育情境、教育过程的变化发展为依据，在恰当的时机对教育载体进行及时调整与穿插运用。首先，教师要深入理解和把握教育情境的变化。这种情境不仅包括教室的物理环境，更重要的是学生们的心理状态、情绪起伏以及他们与社会、文化背景的互动。每一个细微的变化都可能影响学生的学习效果和参与程度。因此，教师需要时刻保持敏锐的洞察力，捕捉这些变化，并据此作出相应的教育策略调整。其次，在教育过程中，学生的反馈和表现是判断教育效果的重要依据。例如，在讲授某一思想政治理论时，教师可以通过观察学生的眼神、提问、回答等方式，判断学生是否真正理解和接受了这一理论。如果发现学生的参与度不高，或者对某一概念存在困惑，教师就需要及时调整教学策略。同时，教师可以根据教育情境的变化，选择其他教育载体穿插运用。比如，当发现学生对某一理论感到抽象难懂时，教师可以引入案例分析，通过具体的实例帮助学生理解；或者设计小组讨论活动，让学生在合作中共同探讨、解决问题。这样的调整不仅能够提高学生的参与度和互动性，还能够使教育过程更加生动、有趣。此外，教师还需要注意在调整教育策略

新时代高校思想政治教育亲和力提升研究

时，要充分考虑学生的个体差异。不同的学生有不同的学习风格、兴趣爱好和认知水平。因此，在穿插运用其他教育载体时，教师要根据学生的实际情况进行个性化设计，确保每个学生都能够在教育过程中得到充分的关注和帮助。

（三）立足时代发展需要创新载体，增强载体的时代性

高校思想政治教育载体的创新是一个综合性的过程。它不仅对现有传统教育载体进行深度优化和资源整合，还强调了根据时代变迁和当代大学生的实际需求，构建和开发新型教育载体。这一过程在坚守传统精髓的同时，积极寻求发展，并在发展中不断注入创新的活力。具体来说，这种创新主要表现在对传统载体的改造升级以及对新兴载体的创造两个方面。

1. 改造和创新传统教育载体

改造和创新传统教育载体，使其重新焕发活力。传统的教育载体，如教科书、黑板和口头讲解，虽然在过去发挥了重要作用，但在当今数字化、信息化时代，已经难以完全满足学生的学习需求。为了激发传统教育载体的新活力，我们可以引入多媒体技术，将声音、图像、视频等元素融入课堂，使思想政治课程变得更加生动有趣。例如，教师可以通过制作精美的PPT，展示历史事件、社会现象等，将抽象的理论知识具象化，帮助学生更好地理解。同时，还可以组织各种课堂活动，如小组讨论、角色扮演、模拟辩论等，让学生在参与中感受思想政治课程的魅力，增强学习的主动性和积极性。通过多媒体技术的辅助教学，原本枯燥无味的思想政治课程可以变得有声有色、入情入理。学生不仅能够在视觉、听觉上获得更丰富的体验，还能在思考和讨论中加深对知识点的理解。这种教学方式不仅可以提高学生的学习兴趣，还能提升高校思想政治教育的亲和力，让学生更加愿意参与到思想政治课程的学习中来。

2. 引入和发展新兴教育载体

抓住科技发展带来的新契机，创造和发展新兴教育载体。随着互联网的迅猛发展，我们迎来了一个全新的教育时代，这为我们提供了无限的创新空间。为了适应互联网发展新形势，我们必须不断开拓教育创新的思路与模式，积极引入云计算、人工智能等前沿技术，将它们与教育载体深度融合，推动教育载体向时代化、多元化转变。例如，通过云计算平台，我们可以将优质的教育资源集中起来，实现跨地区、跨学校的资源共享，让更多的学生受益。同时，它还可以为学生提供个性化的学习支持，根据学生的需求和兴趣，为他们量身定制学习计划和资源，提高学习的针对性和有效性。通过人工智能技术，我们可以实现对学生学习行为的智能分析，了解他们的学习情况和需求，为他们提供及时的学习反馈和建议。此外，人工智能技术还可以为教育提供智能辅助教学功能，如智能答疑、智能推荐、VR体验等，为学生提供了更加优质、高效、智能的教育服务，让他们在学习的过程中感受到更多的便捷和乐趣。

3. 推动教育载体精益求精

集合多方力量，推动教育载体精益求精。因此，这不仅需要高校内部的努力，还需要外部的支持和协作。为了实现教育载体的现代化改革，高校需要采取开放合作的策略，积极寻求与社会相关领域的专家和机构的合作。高校可以邀请教育技术专家参与教育载体的设计和开发，利用他们的专业知识来提升教育载体的技术含量和用户体验。高校也可以与

相关行业的企业合作，共同探索教育载体的商业化运作和市场化推广，为教育载体的发展注入更多的活力和动力。除了外部合作，高校还需要注重收集高校师生的反馈意见。师生是教育活动的主体，他们对教育载体的使用体验和效果有着最直接、最真实的感受。因此，高校应该建立健全反馈机制，积极收集师生的意见和建议，并以此为基础来优化和完善教育载体。例如，可以通过问卷调查、座谈会等方式收集师生的反馈意见，针对他们提出的问题和建议进行改进和优化。同时，高校也可以鼓励师生积极参与教育载体的设计和开发过程，让他们的需求和想法得到充分的体现和满足。这样，教育载体就不仅能够满足学生的需求，还能为高校的教育教学改革提供有力的支持和保障。

四、提升高校思想政治教育的环境亲和力

苏联教育家苏霍姆林斯基指出："只有创造一个教育人的环境，教育才能收到预期的效果。"从客观上说，良好的高校思想政治教育环境具有一定的感染性和渗透性，能够对大学生的思想和行为发挥强化和导向作用。当前，随着互联网的快速发展，我国高校思想政治教育环境更呈现出开放性和多维性的特点，其中，学校环境、社会环境和网络环境都会对学生的成长成才产生影响。因此，要不断优化学校、社会和网络环境，使大学生在健康积极的环境中成长成才。

（一）优化学校环境

"只有创造一个教育人的环境，教育才能收到预期的效果。"[1]一个和谐的校园环境，不仅为学生提供了一个舒适的学习和生活空间，更是立德树人、培养德才兼备人才的重要基石。通过优化学校环境，我们能够显著提升思想政治教育的亲和力，使学生在潜移默化中接受并内化思想政治教育内容，从而推动他们全面发展，成为社会所需的优秀人才。

1.打造愉悦融洽的课堂教学环境

愉悦融洽的课堂教学环境不仅能促使学生用心、积极地学习，还能激发教师的教学活力。因此，良好的思想政治教育课堂教学环境需要师生共同营建。对于高校思想政治教育教师而言，首先，教师需要引导学生改变对思想政治理论课的刻板印象，让学生明白这些课程并非"高高在上"的抽象理论，而是与现实生活紧密相连、具有深刻指导意义的学科。教师可以通过实际案例、社会热点等，帮助学生形成对思想政治理论课的正确认识，让学生意识到这些课程对于个人成长和社会发展的重要性。其次，教师在课堂教学中应运用生动有趣的教学语言，将抽象的理论知识转化为生动具体的案例和故事，让学生在轻松愉快的氛围中掌握知识。最后，教师还应关注学生的学习需求和兴趣点，选择学生喜闻乐见的教学内容，提高课堂的吸引力和趣味性。这些措施将有助于提高学生对课堂的参与度和抬头率，使课堂成为师生互动、共同学习的场所。作为大学生，他们也应充分发挥自身的主观能动性。在课堂上，学生应积极与教师进行互动和交流，勇于提出自己的问题和观点。通过与教师的讨论和碰撞，学生可以深化对知识的理解和认识，培养自己的思辨能力和创新精神。同时，学生还应善于思考，将所学知识应用到实际生活中去，不断提高自己的综合素质和能力。

---

① 韩国凤.创造良好班级环境的策略[J].中国德育，2019（2）：70-72.

2.优化多姿多彩的校园物质环境

在高等教育的学府中，校园的物质环境不仅仅是为了满足学生日常学习生活的需求，更是教育过程中的重要一环。这种环境以其独特的方式，潜移默化地传递着教育内容，润物无声地向大学生传播核心教育理念，从而实现深远的教育目标。那些精心设计的纪念雕塑、随处可见的校园标语以及校史馆中的陈列品，都是校园物质环境的一部分，同时也是教育内容的传递者。其中，纪念雕塑往往承载着学校的历史和文化，它们诉说着先贤们的事迹，激励着学生们追求卓越、奋发向前。校园标语则以简洁明了的语言，传达着学校的价值观和教育理念，引导着学生树立正确的世界观、人生观和价值观。校史馆中的陈列品记录着学校的发展历程和辉煌成就，让学生们对学校有更加深厚的感情和归属感。同时，高校还可以通过合理规划校园布局、增加绿化面积、改善教学设施等方式来优化校园物质环境。通过这些措施，高校便可以用这种隐性方式传递教育理念，不仅避免了传统教育方式的枯燥和乏味，更让学生在自然、轻松的氛围中接受了教育。其更加贴近学生的生活实际，更容易引起学生的共鸣和认同。

3.营造健康向上的校园文化环境

校园文化环境是学校精神文明建设的核心，对提升思想政治教育环境亲和力具有重要意义。习近平总书记强调，"要坚持不懈培养优良校风和学风，使高校发展做到治理有方、管理到位、风清气正。"[①]这一重要指示为我们指明了校园文化环境建设的方向。高校应当积极响应这一号召，积极开展文明校园的创建活动，通过举办丰富多彩的校园文化活动，将正确的世界观、人生观和价值观融入其中，让学生在参与中受到潜移默化的教育。这就要求高校积极开展文明校园的创建，真正实现文化育人，把"三观教育"通过开展校园活动潜移默化地传授给学生，使学生既能够学习到教育内容，又能够获得活动的乐趣。例如，各高校可以充分利用各种资源，打造具有本校特色的校园文化品牌，如学术讲座、文艺汇演等，使同学们在参与中感受到文化的魅力，增强对学校的认同感和归属感。同时，高校还要规范民主制度，鼓励师生共同参与高校思想政治教育建设。通过建立健全的民主管理制度，师生们能够充分表达自己的意见和建议，共同为学校的思想政治教育出谋划策。这种民主参与的氛围不仅能够增强师生的责任感和使命感，还能够促进师生之间的交流与互动，形成更加和谐融洽的校园氛围。

（二）优化社会环境

高校不是与世隔绝的象牙塔，而是社会发展系统的有机组成部分，受到社会环境方方面面的影响。营造风清气正的社会环境，促进社会道德和社会风尚对高校思想政治教育的良性渗透，是提升高校思想政治教育亲和力的重要举措。

1.在高校塑造良好风气

在高校内部营造良好风气是构建健康向上、积极进取型校园文化的重要基石，能够为思想政治教育工作的深入开展提供坚实的基础和有利的环境。良好的风气，如同春风化雨，潜移默化地影响着每一位师生的思想与行为。它倡导学术诚信，鼓励创新思维，弘扬社会主义核心价值观，让追求卓越、勇于担当成为校园的主流风尚。高校可以通过举办丰

---

① 习近平在全国高校思想政治工作会议上强调：把思想政治工作贯穿教育教学全过程 开创我国高等教育事业发展新局面[N].人民日报，2016-12-09（1）.

富多彩的学术讲座、道德讲堂和社会实践活动，拓宽学生的视野，增强其社会责任感，在互动与交流中帮助大学生树立正确的世界观、人生观和价值观。同时，高校还可以通过强化师德师风建设，让教师成为学生品德形成和人格塑造的示范者，使其以高尚的师德引领学风，形成师生共进、教学相长的良好氛围。总之，塑造高校良好风气是一项系统工程，需全校上下齐心协力，久久为功，共同营造一个有利于思想政治教育深植于心、外化于行的校园环境，培养出更多德智体美劳全面发展的社会主义建设者和接班人。

2.积极推进与高校相关政策法规的制定与完善

积极推进高校相关政策法规的制定与完善，不仅能为高校思想政治教育提供明确的政策导向，还能通过资金扶持等实际措施，为教育工作的顺利开展提供坚实保障。政策是行动的指南，只有明确了政策方向，高校才能有针对性地开展思想政治教育工作。因此，国家相关部门需要制定一系列旨在加强高校思想政治教育的政策，明确教育目标、教育内容、教育方法等方面的要求，为高校提供清晰的工作指引。此外，高校作为思想政治教育的主体，应该根据自身实际情况，制定和完善相关政策法规，确保教育工作的规范性和有效性。这些政策法规可以包括课程设置、教材选用、教师队伍建设、学生管理等方面的内容，为高校思想政治教育提供全面的制度保障，确保其取得更好的成效。

（三）优化高校网络环境

当前，我国高校思想政治教育已步入信息化发展的新阶段，高校思想政治教育网络环境的建设与治理也逐渐呈现出信息化、现代化的趋势。要更好地提升高校思想政治教育的亲和力，就要从优化高校网络内容、健全网络管理等方面入手，营造安全、开放的网络环境。

1.加强内容建设，丰富网络文化

良好的高校思想政治教育网络环境，离不开富有亲和力的思想政治教育内容作为载体。高校可以充分利用互联网技术图文并茂、声像交融的特点，精心打造富有时代感和针对性的思想政治教育网站或专题网页。这些平台将成为展示思想政治教育内容的重要窗口，以更加生动、直观的方式将抽象的理论知识具象化、可视化，使其更加贴近学生的生活实际和认知特点。在这些平台上，要确保发布内容的科学性和准确性，确保学生能够从中获得准确、全面的信息。要注重内容的时效性和针对性，密切关注社会热点问题和学生的思想动态，及时将最新的信息和观点纳入教育内容中，引导学生形成正确的世界观、人生观和价值观。要注重内容的多样性和创新性，通过引入丰富的案例、故事、图片、视频等元素，使教育内容更加丰富多彩、生动有趣。要加强内容的互动性和传播性，鼓励学生积极参与讨论和交流，形成浓厚的学习氛围，同时积极利用社交媒体等渠道，将教育内容传播到更广泛的受众中，提高教育效果和社会影响力。

2.充分发挥高校网络平台的互动作用，做好网络思想引导工作

随着网络技术的深入发展，微信、微博、抖音以及手机短信平台都成为大学生进行信息交换和思想交流的重要途径。这些平台不仅具有强大的信息传播能力，更因其互动性、即时性和便捷性，深受大学生的喜爱。高校要借助这些功能强大且覆盖面广的技术平台，深入了解学生的思想动态。通过网络平台的互动功能，教师可以收集大量关于学生思想、情感、心理等方面的真实反馈，在获取这些信息的基础上，高校可以更有针对性地进行心

理辅导和思想教育。例如，针对学生在网络平台上表达出的焦虑、困惑或错误观念，可以及时通过线上咨询、讨论或发布相关教育内容等方式，给予他们必要的帮助和引导。这种方式不仅能快速有效地解决问题，还能增强学生的参与感和获得感，提高思政教育的效果。此外，高校还可以通过网络平台搭建学生之间、师生之间沟通交流的桥梁，促进信息的共享和思想的碰撞。通过线上讨论、主题征文、微视频制作等活动，激发学生的创造力和参与热情，让他们在轻松愉快的氛围中接受思政教育，提高思政教育的吸引力和感染力。

3.健全高校管理体制，优化高校网络生态

当前这个互联网高速发展的时代，网络的普及使得信息传播的速度和范围达到了前所未有的程度。然而，这也使一些包含"黑色"信息和"低俗"内容的流毒在网络中泛滥，对大学生的思想和价值取向产生了深远的影响。长期浸润于互联网的大学生，面临着被不良信息侵蚀的风险。因此，高校必须高度重视并采取切实有效的措施。首先，要遵循"积极发展，加强管理，趋利避害"的原则，在确保网络发展的同时，建立健全网络信息管理常设机构，专门负责网络信息的筛选、审核和监管工作，确保网络信息的健康和安全。其次，高校要规范大学生的网络行为，引导他们正确使用网络。通过加强网络道德教育，让大学生明白网络世界中的责任和义务，自觉抵制不良信息的侵蚀。同时，还可以通过开展网络素养教育，提高大学生的网络素养和信息识别能力，使他们能够自主判断和筛选网络信息。最后，我们要鼓励大学生积极参与网络环境的维护，共同营造安全的网络环境。通过组织各种网络公益活动，引导大学生关注网络环境问题，积极参与网络环境的改善和维护。同时，还可以建立网络举报机制，鼓励大学生积极举报不良信息，为网络环境的整治贡献自己的力量。

五、精细化构建高校开展思想政治教育亲和力提升的保障机制

提升高校思想政治教育亲和力是一项长期性、持久性的工作，它不是一蹴而就的。因此，高校思想政治教育亲和力的提升离不开系统的支持和保障，国家应为其建立一种长效性、常态化的机制。实际上，由于各部门对保障机制的重视程度参差不齐，以及受各自条件的局限，现有的保障机制在实施的过程中也展现出了明显的差异性。这种差异性将不可避免地对提升高校思想政治教育亲和力的效果产生深远影响。因此，从构建"三全育人"亲和力体制机制、建立科学的亲和力评价机制、健全系统的亲和力监督激励机制等方面精细化构建亲和力提升的保障机制，能够确保有效提升高校思想政治教育亲和力。

（一）构建"三全育人"亲和力体制机制

习近平总书记曾强调："要坚持把立德树人作为中心环节，把思想政治工作贯穿教育教学全过程，实现全程育人、全方位育人，努力开创我国高等教育事业发展新局面。"[①]这一论断说明"三全育人"是教育工作的重要理念和目标。

构建"三全育人"亲和力体制机制是指全员、全过程、全方位来整合育人的资源并加以利用。构建"三全育人"机制体制，有利于保障机制的"精细化构建"，形成思想政治教育合力，为受教育者成长成才提供机制保障，从而保障高校思想政治教育亲和力的提升

---

① 习近平.习近平谈治国理政：第二卷[M].北京：外文出版社，2017：376.

效果。

1.建立"大协同"全员育人亲和力的机制

首先，要坚决落实主体责任，构建健全的党政"一把手"育人责任体系。在这一体系中，各级领导应切实履行第一责任人的职责，亲自参与并引领思想政治教育的育人工作。具体而言，其应积极参与到思想政治理论课的课堂教学之中，与受教育者进行面对面的深入交流，了解他们的思想动态，并提供有针对性的指导，确保育人工作的正确方向和高效实施。其次，思想政治理论课教师不仅要做学生学习知识的传授者，更要做学生思想成长上的引路人，要致力于对受教育者进行理想信念教育和价值指导，帮助他们树立正确的世界观、人生观和价值观。最后，要不断提升辅导员队伍的能力水平，坚持统筹规划、管培并重、考评结合的原则，充分发挥他们在育人工作中的主力军作用。这样，我们就能建立起教育主体的协同育人机制，充分调动教育主体的力量，形成育人合力，实现全员育人。

2.构建"全贯通"全过程育人亲和力的体系

"量变是在度的范围内的连续的逐渐的，质变是超越度的范围的间断的飞跃的。"[1] 精细化构建保障机制并非一个一蹴而就的短暂过程，而是一个需要持续努力、循序渐进的量变至质变的演进过程。这一过程不应该被局限于特定的时间框架之内，也不应该仅仅局限于思想政治教育理论课课堂或者学校内部。相反，我们必须构建一个"全贯通"的全过程育人亲和力体系，确保教育与实践的连贯性。这里面的"全过程育人"正是量变累积的过程，它要求我们从课上延伸到课后，从学习覆盖到生活贯穿至学生的入学到毕业再到就业，从而实现不间断地实践、持续性地反馈和不断地完善。只有经过这样不断地调整和改进，我们才能最终实现保障机制"精细化构建"的目标。

3.打造"强融合"全方位育人亲和力的模式

为了深化育人效果，我们需要构建专业课程与思想政治理论课的紧密联动机制，深入挖掘专业课程中的思政教育内容，促进思政课程与专业课程之间的协同育人，共同打造全面育人的新局面。同时，我们还应当建立隐性教育与显性教育相融合的联动机制，将文化育人的隐性渗透与身边榜样示范引领的显性影响相结合，形成强大的育人合力，共同塑造学生的品格与价值观。在互联网时代，我们还可以积极构建互联网媒体与网络思想政治教育的联动机制，促进优质教育资源的共享与利用。通过这一机制，我们可以推动教学方法从以"教"为主向以"学"为中心的转变，使思想政治教育更加贴近实际、因事而化、因时而进、因势而新。此外，我们还需构建行政管理与课程教学的联动机制，充分挖掘行政管理过程中所蕴含的思政元素，将其融入课程教学之中，从而推动"强融合"全方位育人亲和力模式的形成，为学生提供更为全面、深入的教育体验。

（二）建立科学的亲和力评价机制

尽管为提升高校思想政治教育亲和力所设计的方案规划详尽周到，但若缺乏有效的执行和落实，这些规划终将沦为纸上谈兵。因此，建立一个科学合理的亲和力评价机制显得尤为重要。其不仅能够有效避免教育者采用话语霸权、盛气凌人或以势压人的方式强行灌输知识，也能够防止教师为了追求亲和力而过度迎合受教育者，从而对提升教育者的教学

① 中共中央马克思恩格斯列宁斯大林著作编译局.马克思恩格斯全集：第1卷[M].北京：人民出版社，2016：26.

水平和受教育者的接受程度都起到关键作用。因此，我们着力从明确评价主体、评价标准以及关注评价指标来构建科学的亲和力评价机制。

1. 明确评价主体

在思想政治教育过程中，教育者和受教育者共同构成了教育的核心主体。应将所有相关参与者视为评价机制的重要主体，基于这一理念，建立定期沟通联络机制，这种定期的联络沟通不仅有助于深入了解受教育者的需求和反馈，还能够使教育者及时调整教学策略。通过这一过程，可以进一步分析并评估影响思想政治教育亲和力提升效果的关键因素，从而为优化教育过程、提高教育质量提供更加有力的支撑。

2. 明确评价标准

习近平总书记曾在全国教育大会上指出："坚决克服唯分数论、唯升学、唯文凭、唯论文、唯帽子的顽瘴痼疾，从根本上解决教育评价指挥棒问题。"[1]提升思想政治教育亲和力的效果鉴定需要有科学合理的评价标准，这样才能激发教育主体对思想政治教育亲和力提升效果的追求和实现。同样，提升亲和力后的思想政治教育也仍需要继续回到实践中去接受验证，如此循环往复才能不断推动思想政治教育亲和力的提升。因此，在构建思想政治教育评价体系时，我们要综合考虑多个维度。首先是认知评价，即评估受教育者对教育者所传递的思想政治教育信息的认同与接受程度，这直接反映了教育的初步效果。其次是情感评价，它衡量的是受教育者在吸收教育者传授的思想政治教育信息后，内心所形成的道德情感倾向，特别是抑恶扬善的情感深度。再次是意志评价，它关注的是受教育者在坚定的道德判断和强烈的道德情感基础上，是否形成了与教育者所传授的、符合社会主义核心价值观相一致的意志和信念，这一评价反映了教育者对受教育者价值观塑造的影响。最后是践行评价，它是检验教育成果的关键环节。它评估受教育者在日常行为中是否能够自觉遵循教育者所传授的思想观念和道德规范，并且是否能运用正确的政治立场、思想观念来分析和解决生活中的实际问题。这一评价充分彰显了教育者对受教育者实践的引导功能。因此，通过这四个维度的评价，我们能够全面、客观地评估思想政治教育的效果，为进一步优化教育策略、提升教育质量提供有力的支撑。

3. 关注评价指标

首先，教育内容的共享度是一个核心指标，它衡量的是思想政治教育内容所传达的信息在多大程度上能够满足受众者的共同思想需求。共享度越高，则教育内容对受教育者而言就更具有实用性和价值性，从而能够进一步提升思想政治教育的亲和力。其次，教育感受的共情度也是一个重要的评价指标。它反映了受教育者与教育者之间在思想政治教育的过程中能否达到情感的共鸣，形成和谐共生的状态，从而消除对立、对抗和冲突。再次，教育方法的适宜性也是评估思想政治教育亲和力的重要方面。在选择教育方法时，既要考虑其是否能有效传达思想政治教育所承载的价值观念，也要确保其与受教育者的接受方式相契合，以提高教育的针对性和实效性。最后，教育时机的准确度同样不容忽视。提升思想政治教育亲和力需要把握最佳的教育时机。由于不同时间节点下受教育者的"前理解"存在差异，因此，准确把握教育时机对于提高思想政治教育的接受效果至关重要。

---

① 习近平.习近平谈治国理政：第三卷[M].北京：外文出版社，2020：348.

（三）健全系统的亲和力监督激励机制

针对思想政治教育亲和力提升的研究，本质上是一个侧重于感受性评估的探索。这种研究特别强调教育者与受教育者的积极性和主动性。因此，采用科学的监督与激励机制就显得尤为重要。这些机制旨在鼓励教育者与受教育者全身心地投入思想政治教育的全过程，强化二者之间的积极互动和正向反馈。通过这种方式，双方能够增进相互之间的认同感和亲近感，从而显著提升思想政治教育的亲和力，达到预期的教育效果。

1.构建明确的激励机制

在组织系统中，激励机制是指通过物质或者精神对人的动机进行激发、引导和加强，提升人的主观能动性从而促进其行为效率提高，进而将理想目标变为现实的手段。由于思想政治教育亲和力的提升效果要保持稳定性，因此，在思想政治教育中需要明确激励机制构建需要遵循的原则，为教育者和受教育者提供公正客观的奖励标准、激励制度等，避免因奖励标准不均衡或者激励制度不合理而引发教育者和受教育者的抵触情绪，影响思想政治教育亲和力的提升效果。在构建激励机制时，我们的首要任务就是要确保其运行的"全员性"特质。这意味着激励机制不应当局限于某一方，而要公平全面地覆盖到教育过程的双主体——教育者和受教育者。通过共同奖励的方式，我们旨在引导双方共同朝着既定的目标努力，从而有效且持久地提升思想政治教育的亲和力。同时，在构建激励机制的过程中，我们既要重视物质奖励的激励作用，也不能忽视精神奖励的重要性。通过物质方面和精神方面的双重奖励，我们期望能够充分激发教育者和受教育者的主动性和积极性，让他们深切感受到党和政府对他们的深切关怀和高度认可。此外，我们还将特别关注那些在提升思想政治教育亲和力的过程中做出过杰出贡献的模范人物和典型事迹。对于这些杰出的贡献者，我们将及时给予物质和精神上的双重奖励，以表彰他们的努力和付出，并激励他们持续保持对思想政治教育实践活动的热情，为培养更多有理想、有道德、有文化、有纪律的社会主义建设者和接班人作出更大的贡献。

2.建立健全亲和力的监督机制

在思想政治教育实践过程中，我们需要设立专门的监督机构和人员，定期评估并检查思想政治教育亲和力提升的实际成效。基于监督结果和反馈的问题，我们将采取更具有针对性的措施来解决问题，以不断提升教育效果。此外，我们还要特别关注并加强网络的管理与监督，建立一套符合国家法律法规、贴合我们实际情况的网络管理制度，加强对网络信息的监管，确保网络安全。这一举措旨在为广大受教育者提供一个健康、安全的网络环境，从而保障网络在思想政治教育中的积极作用得以充分发挥，进而实现思想政治教育亲和力提升效果的长期性和稳定性。

思政教师亲和力践行事迹

事迹一 2021年"最美教师"陈明青

如何提高学生对思政课的学习兴趣？思政课的意义究竟是什么？这是华东师范大学第一附属中学思政课教师陈明青一直以来思考的问题。

思政课要给学生的其实不是时政，或者不是那点材料和故事，而是将这些作为载体，传达给学生分析问题、解决问题的方法。

陈明青曾让毕业班学生在小纸条上写下对政治课的感受。其中一张上面写着"用生命点燃生命"。"我问学生为什么这样说，他说我的政治课为他推开了一扇窗，一扇朝向外部世界的窗。这让我想到，政治课其实是带给学生一种方法，一种如何朝向世界的方法。这种方法对他们的影响不是一时的，是很长一段时间的，而这也是他生命发展所需要的。所以，他会写下点燃生命。"陈明青说。学生们通过这扇窗看到了不一样的风景，而陈明青则看到了属于自我、属于思政教育的新可能。

故事一：丰富思政课程形态，贯通学科间内容

思政课在学生的印象中通常是刻板、枯燥的，为了改变这种印象，25年来，陈明青老师坚持不断超越自我，推动思政课的改革创新，用"生命点燃生命"。在陈明青的思政课上，电影片段情景表演是学生们最喜欢的教学环节。《觉醒年代》《1921》《革命者》《中国医生》等近几年饱受青少年关注和好评的主旋律影视作品片段都被陈明青搬上了思政课堂。学生们尤其对《建国大业》《建党伟业》情有独钟，他们认为在表演的过程中可以"穿越"到近百年之前，一边吟诵经典台词，一边感受波澜壮阔的历史激流。

在一堂思政课上，陈明青在学生们扮演完角色后，提醒同学们思考，她说："不知大家有没有关注《建党伟业》中13个一大代表的动作、神情，还有陈公博抽烟掉了一地的烟头和一些人坚定的眼神表明什么？《开国大典》中宋庆龄的扮演者回头看到解放军在进入上海之后，为了不扰民都睡在大马路上，这个细节有何深意？"

"好的影视片段用细节刻画了有血有肉的人物，比干巴巴的讲述更有力量。学生受成长环境所限，靠想象往往不能还原当时的历史情境。通过情景表演，学生会发觉历史人物是有血有肉的，也会有欢喜、有害怕，有各种各样的想法，是一个立体的人，否则他们会觉得英雄是永远无法企及的。"陈明青说。

陈明青发现，政治教材中有不少案例、素材，历史课也会讲、语文课也会说，甚至一些自然科学科目也会涉及，那么是不是可以借力？在长期备课实践中，"跨学科内容设计"也是陈明青老师课程的特色。在陈明青所在的华师大一附中，政治、历史、语文老师一起备课是常有的情景。陈明青平时也会常去听其他科目老师的课，从课程内容当中发现育人素材。

一次听历史课过程中，陈明青"灵感乍现"，她总结说："大家对中共一大耳熟能详，但很少关注中共四大，当时开会时会场对外打着'英文补习班'的牌子，门口楼下的阿姨一边扫地、清理马桶一边放哨，有什么事儿就拉拉小铃铛。历史课是作为一个故事来讲的，那我要讲什么？其实中国革命胜利过程中有很多我们知道姓名的英雄，还有很多未

故事二：引导体验式调查，让社会变成"大课堂"

能留名。他们为什么愿意跟着共产党？通过对这些的讲授，能更好引导大家思考党领导人民取得的丰功伟绩。”

而且，陈明青继续说道：“学生首先是个完整的人，应当接受全方位教育，但各科内容却可能是割裂的、重叠的，通过这样的‘点化’，学生能够认识到学科之间的内在联系，从而在不同维度、不同范围、不同层级上实现全方位教育，更接近‘三全育人’目标了。”

故事二：引导体验式调查，让社会变成“大课堂”

理论和生活距离远，往往阻碍了学生对思政课的热情，于是陈明青带领学生走出教室，引导学生关注社会。但是，学生实践往往会有两种问题：“浅”了，走马观花，了无收获；“深”了，中学生又不具备开展较为专业的社会调查所需相应知识的储备和条件。二者如何平衡？

如果说，思政小课堂是把课堂外部的资源引进来，那么就应打破课堂围墙，把思政课搬到社会上去。“更重要的是，把思政小课堂与社会大课堂联动起来，成为‘大思政课’”，陈明青说。“充分体验”是陈明青给出的答案。学生在学了人大、政协制度之后，她便组织学生模拟人大、模拟政协。但议案提案从哪里来呢？陈明青引导学生选择课题调研。“例如我们有学生调研区里残疾人设施情况。他们不是发问卷，把各类无障碍设施都摸清楚，而是只做了非常简单的一件事——把自己的眼睛蒙起来，随后走走看。旁边学生扶着他，一边扶一边记录下来哪里的盲道断头了、附近是否有无障碍卫生间。这样他们同样能发现社会问题。”

陈老师还把思政课搬到更开阔的空间，让学生有更开阔的思维。利用假期和周末，陈明青背上行囊，带着学生们去“绿水青山就是金山银山”理念诞生地——浙江省湖州市安吉县余村，了解黄杜村的农民无偿捐了1500万株白茶苗给贵州的故事。同学们的问题接踵而至：为什么安吉县余村几乎每个农户门上都挂了“念党恩”的小牌子？安吉县余村在向“绿水青山就是金山银山”的转型过程中经历了怎样的阵痛？为什么黄杜村村民将自己的拳头产品捐给别人，技术无偿告诉别人，不需要保护“商业机密”吗？在陈老师的引导下，学生们走访了农科院专家、农户、村干部，他们的心中逐渐有了自己的答案。

更多调研的问题还来自生活中。陈明青回忆自己指导过的一次调研：“有些同学注意到我们很多课本当中都附有光盘，那么这些光盘利用率是多少？现在很多电脑没有光驱。一开始学生觉得这是一种浪费，但他们放眼全国、调研之后，发觉自己的想法有些片面了。重要的不是结论，是看问题的方法。”

“如果要求高中生调查问卷设计得非常精到，且能运用软件进行充分的对比研究，是很困难的。但我觉得‘体验’这个过程很有意义。没有‘体验’，学生不会知道社会调查有多重要，正是因为知道了重要，他们才会去研究，之后才会认真设计问卷，搜集、研究数据。”陈明青说道。

故事三：将基地当家园，在教学共同体中传递育人之种

从教23年，身为特级教师，陈明青把政治课上得游刃有余。但私下里，她最大的感受却是“奔跑”——去基地是她业余时间的常态。她是上海市第一期德育实训基地（思想

政治课方向）、第三期上海市名师后备基地政治二组的学员，十多年来一直在市级专业发展团队里浸润学习，从一名青年教师成长为特级教师，至今她依然在上海市德育实训基地中积极发挥辐射引领作用。如今已经成为第四期双名工程攻关计划主持人的陈明青，依旧把"基地"学习看作是难得的挑战和历练。

"有一些年轻的教师说起来满腹理论，但来基地听了几节课后，却对我说'老师我不会上课了'。"陈明青"吓住"年轻教师的，是她"磨课"的执着。"我告诉他同一节课我会听三遍。一个老师会带4到5个班级，很容易同一个教案讲4到5遍。我就会反问，为什么你的学生不同，教案和讲授却是一样的？我引导他们，教案不能仅仅基于教材、老师的预设来设计，要根据、结合学生问题。他们逐渐发觉，后来设计的教案和之前把教材简单进行归纳、演绎而成的大不一样了，逐渐做到了'眼里有学生'，他们也获得了成长。"

陈明青表示，自己现在面对新课程、新教材、新课标、新的考试方式，始终处于"本领恐慌"中。"上了20多年课，每次都有上第一课的'小紧张'。每一节课我的学生不同，我会相应修改我的教案。前一个班星期一上，后一个班星期五上，这一周可能还有新的事情发生，社会、学生关注点变了，我会想是不是要重新备课。所以紧张会有的。"陈明青坦言。

"在教青年教师过程中，自己的思路也越来越清晰，我觉得我们更是一个共同体。"陈明青表示，面对如此多的"新"，单个老师力量有限，只有大家形成合力，在业务上、精神上互相扶持、支撑、鼓励，改进既有的教学方法，才能更好地完善课程。"这是一种'群体效应'，进入我们共同体行列的老师，会适应得越来越快，因为你周边的老师都是这样上课的。"

"思政课很容易被人认为是背背概念，字面上理解一下就可以了。但所有的信仰一定要经过挣扎，经过辨析，才能真正固化下来。今后思政课应培养学生的高阶思维。"陈明青对课程未来的探索如此设想，"很多人看电影、参观烈士陵园会感动流泪，但出来后照样如常，而思政课要做的就是找到一个思维路径方式，让情感经过逻辑的、理性的力量固化，变成情怀，最终实现一种思想上的认同、思维上的改变，这扇窗才会真正敞开。"

卅载光阴弹指过，未应磨染是初心。陈明青始终坚持为"办好人民满意的教育"而奋斗的教育理想和追求，坚定社会主义办学方向，落实立德树人根本任务，勤勉敬业、勇于担当、开拓进取、务实创新，她热爱党的教育事业，她始终如一坚守思想政治课讲台，用"大思政课"的理念培养学生的政治思维，真正让思政课成为照亮学生思想的指路明灯。多年的刻苦钻研和全情付出，造就了陈明青同志斐然的专业成就，身为教师的她深深懂得和学生的连接不能仅限于课堂，要将思想引领融入生活日常，方能引导学生从平凡中发现伟大。她如红烛，用实际行动书写："为人民服务绝不是空洞的口号，每个人都可以身体力行之，为他人服务，为社会作贡献。"她如春雨，默默滋润了学生心中那颗"为人民服务"的种子，那正是当年在她的课堂上埋下的；她如默默耕耘的园丁，一次又一次地灌溉，让马克思主义的种子播撒在更多青年的心田。她培育了一批又一批的学生、一位又一位的思政教师，在举旗帜、育新人的新时代教育道路上不断精进、坚定前行。

事迹二 2022年"最美思政课教师"路丙辉

"做一个温暖的老师",是安徽师范大学思政课教师路丙辉的座右铭。曾被教育部选为"最美思政课教师"的路丙辉坚守思政课讲台30年,从未改变过自己的初心,牢记"为党育人、为国育才"的使命,用心用情上好思政课,使思政课成为受学生欢迎的"信仰课""人生课"。

故事一：温暖课堂 做学生进步的"领路人"

作为一名思政课教师,首先要面临的就是思政课上学生"抬头率低"的问题。对此,路丙辉有自己的看法："如果你的课足够好,还会担心学生不抬头吗?不是学生不需要思政课,而是不需要枯燥、照本宣科、毫无感情的思政课。"

为了让思政课入脑入心,增强思政课的吸引力,路丙辉探索了多种方式,如提问式教学、互动式教学、情景式教学……路丙辉把自己放在为学生"铸魂"、当好"领路人"的角度,去构思、设计每一堂课。

针对校内不同专业的学生对思政课接受能力不同的实际情况,路丙辉带领教研室对全校文史类、理工类、艺体类专业的学生进行分类教学。从日常教学到期末考核,从重视过程到重视专业差异,形成了一整套分类教学的实际操作模式。

为提高课堂教学实效,路丙辉紧紧抓住课堂实践教学这个环节,通过"讲谈读做"相结合的形式,将课堂教学创造性地与社团工作结合起来,还探索将第一课堂的理论传授与第二课堂的朋辈教育有机结合。这段时间,路丙辉就在为安徽高校班级设立思政委员而忙碌奔波。

在党史学习教育中,路丙辉不仅完成了各项宣讲任务,还在自己的教学岗位上主动作为。以"百年'船'承,千秋伟业"为主题,用嘉兴南湖的红船、强渡大渡河的船、东渡黄河的船、渡江战役中的船等具有代表性的船的故事,串联起百年党史,为广大师生和企事业单位先后宣讲近百场。

对党史的热爱和主动宣讲,使路丙辉成为"全国基层理论宣讲先进个人",并在2021年被评为"全国优秀共产党员"。

故事二：温暖心灵 做学生成长的"知心人"

"课堂只有45分钟,但学生问题很多,没办法一一解答。"出于这样的考虑,路丙辉从1992年开始,搭建了思想教育辅助平台"丙辉漫谈",利用课余时间给学生义务开讲座,精心设置与学生生活学习密切相关的主题,安排答疑环节,为学生解答学习和生活中的困惑。

当社会上讨论"你幸福吗"这个话题时,路丙辉就在学生中连续开展系列讲座"幸福三题——知福、造福、守福"。有学生在疫情防控期间不能和父母好好相处,路丙辉就通过网络会议的形式先后举办"在战'疫'中成长""母亲,我拿什么爱你"的网络漫谈,引导学生珍惜和父母在一起的日子。

"最长的一次活动持续了近5小时，结束之后，双脚都好像失去了知觉。"路丙辉回忆这场站了近5小时的现场活动，只觉得一切都非常值得。他说，当学生们敞开心扉，把心结或疑惑说出来时，这就是不能辜负的信任。

"丙辉漫谈"一做就是30年。现在"丙辉漫谈"发展出三种形式：现场版，已举办350多期；网络版，网络专栏已有20余万字，年点击率超百万人次；手机版，微博、微信公众号发表50余万字，受众2000多万人次。一句句话、一个个字符，开导了无数学生。

故事三：温暖陪伴 做学生人生的"同行人"

"人生就是一次温暖的陪伴。"路丙辉认为，简单的理论说教往往不能解决问题，做学生的好朋友，温暖陪伴着他们，会得到意想不到的效果。因此，他抓住每一个与学生在一起的机会，投入大量精力陪伴学生成长。

面对有的学生反映的意志力薄弱问题，路丙辉连续多年自费举办"大学印记·文化苦旅"青春毅行活动，陪伴学生一起徒步旅行。截至目前，他先后带领400余人次徒步到巢湖、九华山、南京等地，总行程近万公里。

有学生在徒步前往位于安徽省马鞍山市当涂县的李白墓后，在感想中写下这段话，"这种教育方式走出了课堂，走进了生活，这样才是真正做到了教书与育人的结合，这次徒步旅行定会让我终生难忘。"

在路丙辉看来，他不仅希望做学生一程的"同行人"，更希望能做学生人生之路的"同行人"。

有一个家境困难的学生不希望老师过多关注。路丙辉便找到校内的助管，先帮助解决他的生活问题，并一直关心他的成长。当他说出考研的想法后，路丙辉一路支持鼓励他，直到他考上本校的哲学硕士，毕业后获得了中国计量大学教务处的工作。

走上工作岗位后，这个学生向路丙辉学习，在他所在的学校开展了"克亮漫谈"和"克亮暴走"活动。2021年9月，他成为上海大学的博士生。正是路丙辉的一路同行，让这个学生在人生路上不再孤单和无助。

路丙辉说，在探索人生的道路上，常常充满艰辛，思政教育就是带领和陪伴学生，去取人生之"经"。

伟大的历程需要敏锐的观察者、优秀的讲述者、坚定的传播者。而路丙辉就是这样的人，他坚信：前进的中国需要有一种力量，需要有为文明接续香火的人。一束光会照亮另一束光，他愿意成为一只教育战线上的"萤火虫"，扛起一名思政教育者该有的使命。如果说当年启发路丙辉走上思政之路的钱广荣老师是他的"燃灯者"，那么多年以后，路丙辉又用这盏灯点亮了无数学生。

"人生就是一场温暖的陪伴"，在学生心中，路丙辉就是探索人生道路上的老师，是能敞开心扉的朋友，更是无私奉献的亲人。上百次的讲座也是上百次的心灵抚慰，在这场主题为"人生"的讲座中，"丙辉漫谈"终于成了学生们的心灵"对话场"，他解答了他们的迷茫，也指引了前进的方向。他让人们相信，爱和善良总会以接力的方式传承，当一个种子发芽，就意味着更多的爱被传播。几十年薪火相传，走出了一代又一代燃灯者，一代代学子用实践证明，用心播下德育的种子，就一定会开花结果。

事迹三　王雪超——伏案四百分钟只为一堂思政课

"超哥的'中国近代史纲要'课，我们班同学没有不喜欢的！"

"这学期上了一门需要抢座的课，去晚了只能坐后排……"

"超哥的课从来不点名，但是学生一个都不少。"

这些社交媒体上的留言，是天津师范大学学生对思政课教师王雪超最真实的评价。他们口中的"超哥"，是一位年轻、有活力、爱创新的思想政治理论课教师。在短短几年时间中，王雪超获得了全国最美思政课教师、全国高校思政课教师年度影响力人物、全国高校思政课教学标兵、天津市高校思政课青年教师基本功大赛一等奖第一名等荣誉和奖项。

故事一：爱"找事"成了突破口

王雪超在天津师范大学已经"火"了6年。2013年，刚刚博士毕业的他第一次登上讲台，为学生讲授"中国近代史纲要"。"我想要把课讲得不太一样！"喜欢"折腾"的他不满足于按照传统授课方式来讲思政课，经过深思熟虑，他将时事评论作为"突破口"。

"课堂前十分钟是我的'找事'时间。家事国事天下事，大事小事身边事，他会找各种各样的"事"带到课堂上去谈，渐渐地这一环节就成了他的"招牌"。"最近讲了中美贸易战、四川宜宾地震、电视剧《破冰行动》、高考这些话题，学生们很有共鸣。"王雪超告诉记者，他会选取最新最热同时也是大学生普遍关注的话题，在课堂上与同学们互动。有时上午刚报道的新闻，下午他就在课堂上分析。6年来，"超哥时评"累计与学生们互动了上千个时事热点话题。

"超哥不光讲时事热点，还会带着我们去分析、去思考。"听过王雪超授课的冯心彦同学说，"评论时事王老师有自己的'套路'——先告诉学生事件发生的背景、细节、原因以及本质，再分析事件与每一位同学的切身利害关系，最后提出自己的应对之策。"

他勉励同学们："作为一名青年学生，必须有紧迫感和使命感，在当下首先要努力学习科学知识，掌握为国家和人民服务的本领，这才是应对当前问题的明智之策。"

时间长了，同学们都很期待每节课的"超哥时评"，有的学生还会找他"点菜"。王雪超也"希望通过这短短的10分钟，帮助学生们养成科学理性思考的习惯。"

2016年王雪超设立了微信公众号"超哥有话说"，把课堂上来不及讲到的时事以短评的形式推送给学生，"写在高考日""我的返乡笔记""圣诞节过不过"……一篇篇深刻分析社会热点的文章，总能引发学生们的热烈讨论。

故事二："问题老师"是讲故事高手

内容老套、照本宣科，这是学生们对思政课颇多抱怨的顽症。王雪超对症下药，在授课中探索出"问题教学法"。

"疑点问题不敷衍、热点问题不遗漏、敏感问题不回避。"王雪超立足于教材，又不拘泥于教材，把课程的重点、难点，社会和学界的热点、焦点，以及学生的兴趣点和疑惑点有机结合，凝练成系列问题。

提出问题引发学生思考，回答问题不说套话而是讲故事。学生们都爱听这个"问题老师"讲故事。"1919年巴黎和会，我们高高兴兴地去了，结果被告知是三等战胜国，中国提出的合理正义要求不但不被正视，并且还把战前德国在山东的特权转交给日本，把当时的中国人都给气坏了！"课堂上，王雪超将历史还原成一个个生动的故事，学生们听着有意思，知识记得也牢固。

"讲好故事的前提是选好故事。"王雪超认为选故事应分三个层次：重要事件或人物注重评价，在价值判断中消除疑惑，抵制错误思潮；一般事件或人物故事注重典型，从资料中寻找最具代表性的故事，增强课堂教学的新鲜感；个人故事注重共鸣，通过教师个人经历，引发情感共鸣。比如在讲"辛亥革命为什么失败"时，他选取了袁世凯、黎元洪、阿Q三个分别代表当时高层官僚、中层军官和底层百姓的人物故事，引出辛亥革命不彻底的结论，达到了化繁就简、通俗易懂的课堂效果。

王雪超的思政课不是为了单纯激发学生兴趣讲故事，那样课堂就会沦为"故事会"。经过实践，王雪超总结出讲故事的三原则：有节奏、有细节、有分析。每15至20分钟插入和内容相关的小故事，如同相声抖包袱一样，激起学生继续听课的兴趣；故事有细节才会更形象、生动，让学生有如身临其境之感；最后还必须有分析，以故事为载体传递背后的道理。

故事三：让学生"爱上"思政课

王雪超近几年获得了不少荣誉，但他最看重的还是学生的反馈——"中国近代史纲要"课连续6年获"学生评教"第1名，许多已经毕业的学生遇到困惑时还会向他咨询，1名学市场营销专业的学生上了他的课后，准备考马克思主义学院的研究生。

每学期的最后一堂课，王雪超通常会让学生用关键词总结一学期的收获。当看到许多同学写下"价值观""信仰""思辨"等词语的时候，他都会感到作为思政课教师的"小小成就感"，"我希望用我的一点儿努力，让学生们都'爱上'思政课。"

为了上好这门难度不小的课，王雪超在探索创新的路上，付出了许多精力和心血。从教学内容设计、课件制作到教学方法探索，哪怕是一则材料的取舍，一张图片的选择，他都精益求精、慎而又慎。"说真的，准备一学期的课程，不亚于我又写了一篇博士毕业论文。"每一节45分钟的课，背后凝结的是他400分钟以上的教学准备。

为增加课堂互动，最初王雪超让学生上台讲课，但尝试了一段时间后，他发现大多数同学因为不擅长课堂讲授技巧，效果并不好。后来他又试着让学生做微视频展示，发现大家依然兴趣不高。从去年开始，他开始让学生们动笔——去年以"改革开放40年"为题写家乡的变化，今年则以"新中国成立70周年"为题写家庭故事。"许多学生写得都非常好，有的写姥爷家的院门从栅栏门、铁门到智能门的变迁，有的写自己祖辈父辈艰苦创业的故事，既生动又感人。"王雪超感觉自己找到了大多数学生都能够完成并且喜欢的一种互动方式。

思政课创新无止境。"今年召开的全国学校思想政治理论课教师座谈会，给了我们思政课教师很大的鼓舞，我一定要继续努力探索，让越来越多的青年学生爱上思政课。"王雪超对此很有信心。

上课是教师安身立命之本，我爱思政课，也爱上思政课，我的目标是让学生也爱上思政课。"这是最美教师王雪超的座右铭。扎根三尺讲台，是同学们口中的"超哥"，是永远"在路上"的进取者；是屹立不倒的灯塔，照亮无数学子的航程，激发追求卓越的热情；是"问题"教师，更是把理论讲活的故事高手。对于思政课教师而言，坚定信仰和讲好信仰不是选择题，而是必答题；不是一时要求，而是人生理想和毕生追求；不是一句口号，而是几十年如一日实实在在的坚持和行动。王雪超始终把每一节课都当作讲课比赛来对待，从不懈怠，用实际行动强调了在知识之外，思政课更应该让学生认识自己国家的过去和现在，认识个人的价值和意义。

事迹四　2022年最美教师周荣方

如何将党的二十大精神带回校园？如何让学生意识到国家发展的需要，进而培养他们的时代责任感？10月16日，郑州大学思政课教师周荣方作为党的二十大代表走进人民大会堂，她既激动又紧张。聆听报告时，她不停地在笔记本上记录下新问题和新思考。

去年4月，周荣方的一段讲课视频在网上"爆火"，点击量突破34亿。视频中，这位留着利落短发的"宝藏教师"哽咽着讲述焦裕禄的故事。

"人生不能复制，但是力量可以传承。"周荣方相信信仰和热爱的力量，在她看来，34亿数字背后反映出来的是越来越多的人渴望得到伟大精神的力量，"讲焦裕禄书记等基层一线干部的故事，是一种从共情到共鸣的过程"。

2022年，周荣方被评为全国"最美教师"。

何为"最美"？在周荣方看来，这是新时代、新青年赋予思政课教师的新使命。"思政课能给学生带来力量，同时也在给予每一位思政课教师前行的力量，正是学生们散发出的点点荧光汇成了思政教学的星河，让我们可以带着光芒向前走。"

故事一："让故事走进思政课堂，也让学生走进基层"

"党的二十大报告就是最好的思政教材。"10月16日上午，看到其他代表开始翻看报告中与自己行业相关的内容时，周荣方对旁边的代表说，"这一本都和我们思政课有关。"

在周荣方看来，从党的十八大到党的二十大，十年来中国式现代化建设取得全方位的发展成就，一个个"不可能"变成"可能"，一道道难题得到突破，这些是最好的思政课素材。

"正是因为有了这十年的伟大成就、伟大变革，让我们讲思政课变得更有底气，让学生们更有方向。"周荣方说。

去北京之前，周荣方就在思考如何将党的二十大报告中的新思想、新观点、新论断，精准地传达给每一位学生。

这次北京之行，周荣方结识了很多党的二十大代表，尤其是基层代表，他们的故事让周荣方看到了人生的多样性和前行力量的一致性，同时开始萌生出邀请基层党代表进思政课堂的想法。

"让故事走进思政课堂，同时也让学生走进基层。"回到学校，周荣方就开始落实"行走的思政课——走进你的故事"计划。她邀请的第一位嘉宾是党的二十大代表、中国铁路郑州局集团有限公司郑州高铁基础设施段电务维修技术中心副主任郑小燕。分享会上，郑小燕向学生们讲述了"高铁人"每天凌晨进行高铁维护的工作日常，因为共同拼搏而带来的幸福感以及家人对"高铁人"工作的理解和支持。

"普通人更能打动普通人。"在周荣方看来，来讲故事的人是党代表，也是学生身边的普通人，"郑小燕代表的工作离我们很近，每一次出行的高铁由他们维护；但她的工作又离我们很远，因为他们总在深夜零点到四点钟工作。"

刚开始，郑小燕告诉周荣方："能让大家了解高铁人也不是全是开火车的，就挺好。"分享过程中，郑小燕和学生不断互动，周荣方看到的是学生们对社会大课堂的渴望，"基层工作者和课堂里的学生，因为渴望了解彼此而实现了双向奔赴。"

从思政课堂走进人民大会堂，又从人民大会堂走回思政课堂，周荣方希望自己的课堂能有一个新起点，她用"掌声、心声、人生"六个字概括出了新的教学方法。

"只有让学生体会到党的二十大报告所蕴含的精神力量，才能称得上全面把握。"在周荣方看来，"掌声"是要让学生去感受大会现场的盛况，进而愿意主动了解党的二十大精神；"心声"是让学生理解"掌声"背后体现出的党和人民一起拼、一起干、一起奋斗的精神力量；"人生"则是要让学生明白这些力量最终要落实在自己的人生中。

"让学生懂得人生的意义和价值，并运用到自己的生活中，是思政课的归宿。"周荣方说。

故事二："思政课教师需要找到'日用而不觉'的共同价值观念"

"人生不能复制，但是力量可以传承。"周荣方经常给学生讲中国共产党党员的故事、基层一线工作者的故事，她觉得，即使人生各不相同，幸福的人生却有共同的力量，"把力量凝练出来告诉学生，就是在引导他们明白，未来该如何做才能获得真正的幸福和满足。"

从2010年开始，周荣方就一直在寻找普通人的故事。参与社区抗疫工作、听村干部讲述乡村振兴的故事、与青年大学生聊梦想……

"只有走进基层一线，才能够看到不同的人生和他们共同的力量。"在基层行走的过程中，周荣方发现，每一位村党支部书记都会面对各式各样的难题，但更值得深思的是，每个人都在工作岗位上坚守了10年、20年、30年，并且把难题解决得很好，"他们的故事各有不同，却有着一脉相承的东西"。

在河南鹤壁三家村，周荣方偶遇过一位从大城市回到家乡当村支书的女大学生张桂芳。周荣方问她，从大城市回到农村，你如何进行乡村振兴？张桂芳回答说，第一步就是要让别人看到，通过画彩绘的方式打造"彩虹村"，让大家看到我们的村子，进而带动群众增收。

经过几年的努力，如今的三家村，道路两旁有五彩缤纷的房子、有画满多种颜色的石桥，逐渐成为"网红"拍照打卡地。

"这位姑娘的故事对学生们来说太重要了。"周荣方意识到，学生们更喜欢与自己贴近的人生，只有平凡的故事才能真正打动他们，"她的故事可以让学生明白，即便两手空空，也可以靠自己的努力走出来，并且把人生变得漂亮。"

一次又一次地去往基层，又把基层故事带回思政课堂，周荣方讲过河南省冀屯镇党委书记赵化录带领村民通路通燃气的故事、河南省前岗村党支部书记刘海燕组建巾帼志愿服务队的故事……

在党的二十大现场听报告时，这些来自基层的故事也在周荣方脑海中一幕一幕地闪过。"这些真实的故事让学生看到的是中国共产党人的信仰，还有这份信仰带来的人生价值和幸福。"

党的二十大报告强调，"把马克思主义思想精髓同中华优秀传统文化精华贯通起来、同人民群众日用而不觉的共同价值观念融通起来。"这一点让周荣方倍感振奋，在她看来，这是实现马克思主义中国化时代化的办法，也是讲好思政课的方法，"思政课教师需要找到'日用而不觉'的共同价值观念，这是引发学生共情的基本点，而恰恰基层故事就有这种力量。"

"我不仅可以告诉学生，你们要怎么做；我还会告诉学生，我是怎么做的""每一个表情、每一个语气都是老师内心信仰的体现，真切地感受到老师是在用情讲、用心信""思政课是一个丰富的大舞台，老师的思路和创意让我们获益颇多""我以后特别想成为周老师这样有魅力的人"……在郑州大学，周荣方的思政课堂非常火爆，很多学生想尽办法"抢课""蹭课"，甚至还有学生通过各种方式"表白"。

有一次，周荣方需要带领学生连续上3小时的网课，刚开始她还有点担心学生会出现注意力不集中的情况。课间，周荣方问学生觉得课堂效果如何，一位学生反馈说："周老师，我们都非常喜欢听您讲课，所以应其他同学的要求，大家现在都拿喇叭放您的课，这样没选到课的同学也可以云听课了。"

玩笑之余，周荣方看到了思政课发展的未来，"如果思政课堂可以找到平衡'讲道理'和'青年话'之间的黄金分割点，学生们会越来越喜欢听思政课。"

"我面对的不仅仅是一个个学生，更是一个个人生，还有国家的未来。"如今，周荣方讲授思政课已有15个年头，台下的学生从"80后"到"90后"，再到如今的"00后"，周荣方明显感觉到，思政课教学已从讲授"高高在上"的理论知识，转变成为更贴近学生实际生活的一门"实用"课程。

思政课的本质是讲道理，为了更好地和"00后"学生"打交道"，周荣方开始尝试各种"新方法"，新媒体教学、情景剧演出、社会实践……在微博上，周荣方是话题"行走的思政课"的主持人，经常会分享自己在基层的所见所闻，如今该话题阅读量已突破3100万，她也变成了一位拥有上万名粉丝的"网红老师"。

周荣方也曾加入社区"战"疫志愿者的队伍，并在微博记录"志愿者日记"，以参与者的视角讲述身边一线工作者的故事。在她看来，这是"行走的思政课"最重要的一部分，也是关键时刻能够打动人的力量，"我不仅可以告诉学生，你们要怎么做；我还会告诉学生，我是怎么做的。"

"忙碌充实地行走，认真踏实地成长"是周荣方对自己教学生涯的评价。在她看来，思政课堂更像是向学生传递中国声音的渠道，思政课教师在国家大战大考中不能缺席，"我们通过自己的所见所闻，让学生产生了解基层的渴望，进而形成理解中国十年伟大成就的向心力和凝聚力。"

"记不记得老师不重要，要记得老师讲过的道理。"周荣方认为，随着思政课越来越关照现实，思政课教师更要帮助学生学会面对困难和困惑，让他们具备用历史唯物主义、辩证唯物主义的方法去看待人生的能力，"很多大学生面对的困惑可能只是人生中的一个小阶段的困惑，因此就需要启发他们跳出当前的困难，充满力量地走向未来"。

在这个充满感动与敬意的时代，我们总能遇见用生命书写教育篇章的优秀教师，孤举者难起，众行者易趋。周荣方的故事不断感染着大家，她用每一个细微的行动，表达着对教育的热爱和敬业；她用心灵的笔墨，书写着教育的诗篇；她以卓越的才能，激励着每一位学生，点燃了他们心中的知识之火。学高为师，身正为范，她用最朴实的语言，教会了学生最重要的一课；她用最真诚的关爱，滋润了每个孩子的心田。三尺讲台，激扬文字，教学生涯，笔耕数年，周荣方时刻牢记"立德树人"的责任和使命，持之以恒，始终爱着教育的热土，她坚信，待到桃李满天下时，一定会看到枝头的累累硕果，一定会听到花开的声音。

事迹五　2023年四川最美教师：张小飞

从1988年至今，这位出生于四川偏远农村的大学教师在思政教育战线辛勤躬耕了35载。他踏实质朴、思辨创新的教学风格独树一帜，他感性与理性并存的思政课堂深受学生欢迎。他是特色思政课堂的建设者，是党的创新理论的传播者，更是学生成长的引路人。

故事一：从"哲学"到"教学"　做特色思政课堂的建设者

20世纪60年代，张小飞出生在四川南充的一个小山村。物质生活的匮乏没有挡住张小飞前行的脚步，反而是田园乡村的精神沃土和父母身上淳朴善良的品德成为他一生向上的人生底色。

1984年9月，张小飞考入四川大学哲学系，学习这门"一切知识的基础"课程。"四年的大学生活使我明白了科学世界观和方法论的重要意义，也使我明白了学哲学绝不是仅仅让自己圆融通达，更重要的是让哲学的智慧惠及他人。"张小飞回忆道。1988年，张小飞进入西南石油大学任教，成为一名光荣的人民教师。

"美国的月亮果真要比中国的圆？"在一次讲授"人类社会及其发展规律"章节时，时任马克思主义学院院长张小飞向学生提问，并组织学生开展课堂辩论。通过激烈辩论，学生更加深刻理解生产力与生产关系、经济基础与上层建筑之间的关系。思政课堂上，张小飞总是会结合身边案例和社会热点，抛出问题引发学生深入思考，从而慢慢让答案"浮出来"。这种"问题链"式的教学，让很多学生对思政课逐渐接受进而喜欢。

"我们基本上是以教学模式的创新作为主轴，同时作为石油高校能源类的高校，我们把大庆精神和石油精神融入我们的思政课，作为我们的重点，并且以问题链的教学方式来作为我们教学改革的抓手。"张小飞说。

作为一名老师，张小飞从教35年始终坚守在教学领域，即便是在担任学院副院长和学院院长19年的时间里，他也从未离开过教学第一线。作为教学团队负责人，他注重青年教师培养，带领团队大胆进行教学改革，让思政小课堂与社会大课堂有效衔接，取得了明显成效。

"他非常重视对青年教师的培养，从教案的写作、教学规范、教学技能、科研选题等各方面给予了我们耐心的指导，并持续为学院的青年教师搭建多元化、高水平的交流平台，帮助青年教师教学和科研成长。"西南石油大学马克思主义学院青年教师张莉这样评价张小飞。2021年，以他名字命名的"张小飞工作室"获批全国高校思政课名师工作室。

故事二：从"思政人"到"引路人"　做大学生成长路上的良师益友

从教35年，张小飞始终践行着一名高校思政课教师的使命与担当，专注于马克思主义理论的教育与宣传，坚持用新时代党的创新理论武装学生头脑，引导学生树立正确的"三观"。他在教学实践中重视与学生的情感交流，密切关注学生成长中遇到的思想问题与心理问题，并利用各种时机对学生进行思想教育和心理疏导，做大学生成长路上的良师益友。

张小飞向记者讲述，十多年前有一个化工专业的学生，毕业时面临着到西北油田工作还是留四川的问题，学生感到非常苦恼，找到张小飞，希望老师指点迷津。张小飞告诉他，大西北的石油勘探开发急需人才，到西北去建功立业是最好的选择。这名学生听了老师的建议到了塔里木油田，很多年过去，这名学生在油田已经成为技术骨干，正在为祖国的石油事业发光发热。

在多年的从教经历中，张小飞坚持将自己的电话号码、电子邮箱和办公地点向学生公开，在课堂教学之外，还利用课余时间为学生举办各种学术讲座，担任多个学生社团的指导教师，依托课堂和各类学生社团、学术活动，对面临大学适应障碍、人际交往困惑、职业选择困难等问题的学生及时提供帮助，充分发挥思政课在学生学习中的释疑解惑作用和教师在学生成长中的教育引导作用。

今年刚刚从西南石油大学马克思主义学院毕业的硕士研究生王凯宗，在张小飞的指导下如愿考到山东大学继续攻读博士。在提起张小飞时，他充满了感激之情，"张老师一直关心着我的职业生涯规划，特别是在我考博阶段，从院校选择到材料审核到笔试面试，他都一直在训练我的逻辑思维以及面试效果。"王凯宗说道。

"从教35年以来，他始终把学习、研究和传播马克思主义作为自己毕生的事业。"西南石油大学组织部部长、宣传部部长易联树如是评价，张小飞始终践行着一名高校思政课教师的使命与担当，坚持用新时代党的创新理论武装学生头脑，为把学生培养成有理想、敢担当、能吃苦、肯奋斗的时代新人而努力贡献自己的力量。

故事三：从"课堂上"到"课堂外" 做党的创新理论的传播者

课堂之上，张小飞始终坚持把新时代党的创新理论及时融入教学中，坚持以时代化的视角、生活化的语言和学术化的高度向学生传递党的声音，以学理讲道理，以道理明事理。

课堂之外，他坚持深入基层，走进乡镇、走进农家，用通俗易懂的语言和群众喜闻乐见的形式宣讲新时代党的创新理论，受到基层干部群众的好评，将党的创新理论送到寻常百姓家。

张小飞作为四川省委党的十九大、党的二十大精神宣讲团成员，曾到泸州叙永石厢子镇、雅安汉源九襄镇、南充市顺庆街道等基层乡镇村组和城市社区开展理论宣讲，也为油田企业、行政机关和高校开展过专题学习，努力让基层群众准确理解党的路线方针政策。作为教学指导委员会委员和名师工作室负责人，他把自己的教学经验与更多的人共享，带动青年教师的成长，推动不少学校的思政课建设。

"有一次我到营山县去宣讲的时候是给教育系统宣讲，宣讲以后许多老师下来跟我联系，希望能在教育问题上进一步去探讨和交流，他们认为教育的发展需要理论的指导，作为一个宣讲者我当时是有一种成就感的。"张小飞说。

如今，即将迈入花甲之年的张小飞，依然怀抱着炽热的理想，坚守在教学一线，"我一定要发挥好一名思政课老教师的作用，再接再厉，我还想为整个思政课的建设做更多。"他说。

"为谁培养人，培养什么人，如何让思政课成为学生真心喜欢并终身受益的课程？"这是高校思政课教学实践与改革中必须面对的课题和难题，每个思政课教师都应寻觅契合

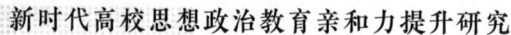

当下大学生思想实际的教学方法或模式，不断提升自我素养和能力，不负"人类灵魂工程师"的神圣使命。张小飞坚持用马克思主义的理论光辉去照耀学生，用马克思主义中国化的理论成果去指引学生，引导学生成长为一个纯粹的人，一个具有宽广胸怀和高尚情操的人，一个有骨气、志气和底气的人，他真正使对马克思主义的信仰和对中国特色社会主义的信心在人们心中生了根发了芽。

事迹六　侯海侠：三次援疆、深耕思政教育、培育时代新人

援疆教师侯海侠，三次援疆历时近7年，奋战在哈密教育事业一线。作为一名思政老师，她情注教育，立德树人；作为哈密市思政名师工作室负责人，她率先垂范，全力以赴，用行动诠释着一名共产党员的责任和担当。

日前，在哈密市第一中学高三（1）班的教室里，侯海侠老师正在以《仰望星空 脚踏实地》为题，为学生和全校的思政老师们上一堂生动的公开课。

思政课看似枯燥乏味，但侯海侠将多年的所学所思充分运用在思政课堂中，先后以案例教学法、课堂讨论法、辩论法、情景模拟法等方法，将时事热点评论引入课堂，既有感染力、亲和力和针对性，又让课堂活力迸发。一个个生动故事阐明深刻道理，一次次热烈讨论解开学生心中疑惑，形式多样、线上线下融合的教学令学生动心、动脑、动手，达到知行合一、学以致用的目的，深受学生们的喜欢。

哈密市第一中学高三（1）班学生祖帕尔·达吾列提说："侯老师上课比较生动，她会把好多生活中的一些小例子融入课堂，让我们觉得，原来生活中的好多知识点就在我们身边，就会觉得生活也是处处充满着知识的。平时我们下课之后，侯老师也是对我们非常关心，因为我们是住校生，平时吃的水果比较少，她就带水果给我们吃，侯老师的一举一动都让我们非常感动。"

课上丰富多样的教学方法和内容，让学生们听得认真，学得起劲，课下侯海侠老师抽空了解学生的思想动态、困难诉求，帮助他们解决问题，温柔可亲的形象也让侯海侠成为许多学生心中的"大妈妈"，而她所做的点点滴滴也成了学生脑海里最感动的时刻。

侯海侠今年45岁，她三次援疆，在哈密的教育事业中默默奉献了近7年。2012年，她作为兵团第十三师红星高级中学河南援疆实验班项目的一员，在红星高级中学开展为期3年的援疆工作。2020年，她再次踏上哈密这片热土，援助哈密市第一中学，三年的工作得到学校领导和老师们的一致好评。带着对哈密人民的思念，2023年2月，侯海侠作为河南省第十一批援疆干部人才，第三次申请援疆，继续自己的教育事业。

侯海侠说："第一次援疆的时候，我就想着看看新疆的美丽，大美新疆，来到新疆之后，看到孩子们需要我，并且在青年教师培养方面，我也发挥了自己的作用，在这里实现了我自己的人生价值。第二次援疆时，学校要求报名，我就义无反顾地选择了再次援疆，再次来到一中，为一中教学质量的提升贡献自己的一份力量，我认为一中未来可期。"

侯海侠不但是一名优秀的政治老师，也是该校政治学科的学科组长，充分发挥了传帮带作用，有效助力学校年轻思政教师的成长。她的徒弟娜迪热·尤努斯告诉记者，侯海侠关注年轻教师的成长，与老师们一起研究高考题，经常去听年轻教师的课，指出他们教学中的问题。在侯海侠的带领下，政治组完成了哈密市课题《哈密市一中培育"五个认同"的路径研究》的结题工作，编撰完成了《学科课程思政资源建设》，为哈密市一中加强课程思政教育，培育"五个认同"，铸牢中华民族共同体意识作出了积极贡献。

哈密市第一中学高二（2）班班主任、思政教师娜迪热·尤努斯说："侯老师作为援疆老师到我们哈密市第一中学之后，对我们每一位思政老师的帮助都特别大，尤其是我，今年是我工作的第四年了，在这三年期间，侯老师作为我工作上的师傅，对我各个方面都

是倾囊相助，从校级的各类赛课开始，一直到市级到自治区级的赛课，我都获得了一等奖、二等奖，优异成绩的取得都离不开侯老师对我的帮助。"

与此同时，侯海侠作为哈密市思政名师工作室的负责人，在她多方努力和精心设计下，完成了对思政名师工作室的改建工作，使工作室变成了成员们温馨的小家，同时还打造了读书沙龙、思政金课和思政宣讲团等工作室品牌，并组织思政学员参观哈密的红色革命教育基地，积极开展了各种实践活动。

为了给工作室的发展和成员的快速成长设计出切实可行的规划，在侯海侠的带领下，工作室先后申请了自治区的课题《"项目式学习"模式在高中思想政治课中的应用研究》和河南援疆课题《学科核心素养下哈密市高中思想政治乡土课程资源的开发与利用研究》，并顺利结项。今年，她们工作室又申请了自治区校本课题并已顺利立项。

教书十九年间，侯海侠兢兢业业，秉持初心，坚持奋斗在教学一线。其间，她被河南省教育厅评为"河南省骨干教师"，还在第十批河南省对口支援哈密中记三等功，今年她又荣获"哈密市优秀思政教师"。面对荣誉，侯海侠表示，将继续深耕思政教育，培育时代新人。

侯海侠说："除了教书育人外，要注重对青年教师的培养，我还要在思政组培养一个学科组长，使我们学校的思政教师得到一个良性的发展，作为新时代思政人，要牢记习近平总书记的嘱托，树立强国有我的使命，牢记为党育人，为国育才，进一步提高政治站位，铸牢中华民族共同体意识，为新疆哈密教育事业的发展贡献自己的一份力量。"

一片丹心向阳开，润物无声洒真情。教师承载着传播知识、传播思想、传播真理、塑造灵魂、塑造生命、塑造新人的时代重任，思政课教师，要给学生心灵埋下真善美的种子，引导学生扣好人生第一粒扣子。数十年的坚持，侯海侠让思政之声传到了祖国的大漠边疆，伏案忙碌的身影是她在思政教育路上的踏实脚印，积极备课、积极研讨、不辍笔耕、迎风奔跑。走上讲台，教书育人；走下讲台，为人师表，她执着于让每个学生成为更好的自己，她真正做到了教书育人，桃李满天下；教人为事，为天下之大事；教人做人，做堂堂正正的人。白色的粉笔末染白了她的头发，却将孩子青春的绿色映衬得更加浓郁。

结语

本书以新时代高校思想政治教育亲和力为研究中心，深入探讨了高校思想政治教育亲和力的内涵、构成要素、理论基础以及提升路径。从选题背景的深入分析，到研究现状的广泛梳理，再到理论基础的深入挖掘，以及国外经验的借鉴与启示，直至现状调查与问题分析，最终提出了提升新时代高校思想政治教育亲和力的原则与路径。这一研究过程不仅体现了"是什么—为什么—怎么办"的逻辑思路，也彰显了学术研究的系统性与深度。

在理论层面，本书从新时代思想政治教育亲和力的理论范式出发，结合中华优秀传统文化中的相关思想，以及心理学和教育学的相关理论，为高校思想政治教育亲和力提升提供了坚实的理论支撑。这些理论资源不仅丰富了高校思想政治教育的理论体系，也为提升思想政治教育亲和力提供了理论遵循。在实践层面，本书通过问卷调查与SPSS分析工具，对新时代高校思想政治教育亲和力的现状进行了深入调查与分析。结合调查结果，本书揭示了当前高校思想政治教育亲和力提升存在的问题与原因，为提升思想政治教育亲和力提供了现实依据。同时，本书还从构成要素的五个方面，即思想政治教育者、教育目标、教育内容、教育方法、教育环境，提出了新时代高校思想政治教育亲和力提升的路径，为高校思想政治教育工作者提供了实践指导。在借鉴与启示层面，本书通过对国外高校思想政治教育的研究，提炼了在提升教育亲和力与实效性方面的有益经验与启示。这些经验与启示不仅为我国高校思想政治教育亲和力提升提供了参考借鉴，也拓展了我们的研究视野和思路。

提升高校思想政治教育亲和力是一项长期而复杂的系统工程，不仅需要理论支撑和实践指导，更需要高校思想政治教育工作者的共同努力和不断创新。展望未来，新时代高校思想政治教育亲和力的提升仍面临诸多挑战与机遇。我们需要继续深化理论研究，不断探索新的教育方法和手段，以适应时代的发展和青年学生需求的变化；同时，我们也需要加强国际交流与合作，借鉴国外先进的教育理念和实践经验，不断提升我国高校思想政治教育亲和力的整体水平。

附录

高校思想政治理论课亲和力问卷调查

您好！为深入了解当前高校思想政治理论课亲和力基本现状，进一步提升高校思政课亲和力，我们开展此次问卷调查工作。本次调查不记名，结果只用于分析统计，辛苦您客观如实填写。希望得到您的支持，谢谢！

1.性别____。
A.男
B.女

2.年级____。
A.大一
B.大二
C.大三
D.大四
E.研究生

3.所学专业_____。
A.文史哲类
B.医学类
C.理工类
D.艺术类
E.其他

4.您认为思想政治理论课教学内容与您的实际生活相关度如何？
A.很大
B.较大
C.一般
D.较弱
E.无

5.您更倾向于哪种方式开展思想政治理论课教学？
A.网络授课
B.课堂讲授

C. 课外实践

6. 您认为您所在的高校思想政治理论课亲和力总体表现如何？

A. 非常具有亲和力

B. 有一定的亲和力

C. 基本没有亲和力

D. 不清楚

7. 您在思想政治理论课的学习中遇到了问题您会怎么做？

A. 听老师课上讲解

B. 自己独立思考

C. 与同学进行讨论

D. 课下向老师请教

E. 不去理会

8. 您对您所在高校的思想政治理论课教学的总体印象如何？

A. 空泛，只讲大道理

B. 枯燥，难以吸引学生注意力

C. 深刻，理论性很强

D. 活跃，能够很好地联系学生

9. 在思想政治理论课堂上，不听课的您或者您的同学通常在做些什么？

A. 睡觉或者和周围同学聊天

B. 看其他专业的书籍

C. 完成其他学科作业

D. 玩手机或者玩游戏

10. 您认为您的思想政治理论课教师讲授知识是否基于您的现有知识？

A. 是

B. 否

11. 您在上课前对即将要上的思想政治理论课的内容掌握如何？

A. 已经完全掌握

B. 已经认真预习

C. 知道所学内容

D. 一无所知

12. 您对思想政治理论课的基本态度是什么？

A. 非常重要，应该认真学习

B. 重要，但是不如自己的专业课重要

C. 可有可无，感兴趣的同学可以选修

D. 不重要

13. 您的思想政治理论课教师上课时会用到多媒体课件等现代信息技术进行课堂教学吗？

A. 经常会用

B.偶尔用

C.不用

14.您是否积极参与思想政治理论课的课堂活动？

A.每次都参加

B.经常参加

C.偶尔参加

D.从不参加

15.您学习思想政治理论课的目的是什么？

A.拓展知识层面，提高解决和分析问题的能力

B.树立正确的世界观、人生观和价值观，坚定理想信念

C.为了考研或者考公务员

D.通过考试，获得学分

16.您认为您所在高校的思想政治理论课教师的理论水平如何？

A.非常好

B.一般

C.不好

D.无感

17.您认为在思想政治理论课堂上，师生互动的频率应该是_____。

A.每节课5次左右

B.每节课2～3次

C.师生之间不需要互动

18.您对思想政治理论课的教学内容认同感如何？

A.非常有认同感

B.偶尔会有认同感

C.无感

19.您认为思想政治理论课教学方法是否主要采用了传统的理论知识灌输方法？

A.是

B.否

20.您是否经常在课上或者课下向思想政治理论课教师请教您的困惑？

A.经常

B.偶尔

C.从不

D.没有困惑

21.请选择您认为的影响思想政治理论课亲和力最主要的因素。（请选择3项）

A.教师

B.教材

C.学生

D. 教学环境

E. 教学方法

F. 教学手段

G. 教学评价

22. 您认为具有亲和力的思想政治理论课应该具备哪些条件?

A. 思政课教师具有亲和力

B. 教学内容紧贴实际

C. 教学语言幽默风趣

D. 教学方法多种多样

E. 教学效果好,师生积极互动

F. 课堂氛围轻松,学生积极参与

23. 您认为目前思想政治理论课教学内容上存在的主要问题有哪些?

A. 注重理论知识灌输,忽视思想方面的引导

B. 教学内容远离学生生活实际,缺乏理论深度

C. 思政课教师队伍素质不高,缺乏人文关怀

D. 其他原因

24. 您认为思想政治理论课教师人格魅力不足的表现有哪些?

A. 言行不一致

B. 安于现状,缺乏热情

C. 气质欠佳

D. 专业知识水平不过关

E. 其他原因

25. 您对提升高校思想政治理论课亲和力有什么更好的建议吗?

参考文献

[1] 习近平.习近平谈治国理政：第一卷[M].北京：外文出版社，2014.

[2] 习近平.习近平谈治国理政：第二卷[M].北京：外文出版社，2017.

[3] 习近平.习近平谈治国理政：第三卷[M].北京：外文出版社，2020.

[4] 习近平.习近平谈治国理政：第四卷[M].北京：外文出版社，2022.

[5] 邱伟光，张耀灿.思想政治教育学原理[M].北京：高等教育出版社，1999.

[6] 陈桂生.教育原理[M].2版.上海：华东师范大学出版社，2000.

[7] 张耀灿，陈万柏.思想政治教育学原理[M].北京：高等教育出版社，2001.

[8] 陈万柏.思想政治教育载体论[M].武汉：湖北人民出版社，2003.

[9] 郑永廷，徐建军.大学生思想政治教育理论与实践[M].北京：高等教育出版社，2009.

[10] 郑永廷.思想政治教育方法论[M].北京：高等教育出版社，2010.

[11] 张耀灿.中国共产党思想政治教育史论[M].北京：高等教育出版社，2014.

[12] 程浩，崔福海，孙宁.中国高校思想政治教育史论[M].北京：社会科学文献出版社，
2016.

[13] 李雪萍.高校思想政治教育的理论与实践[M].北京：中央编译出版社，2016.

[14] 沈仕海.思想政治教育有效性研究[M].武汉：武汉大学出版社，2016.

[15] 王树荫.中国共产党思想政治教育史[M].北京：高等教育出版社，2016.

[16] 钟启东.思想政治教育理念创新逻辑论[M].北京：人民出版社，2016.

[17] 曲建武.爱是教育的灵魂[M].北京：人民出版社，2018.

[18] 吴潜涛.思想政治教育教学与研究[M].北京：中国人民大学出版社，2018.

[19] 邱仁富，等.新时代思想政治教育亲和力研究[M].上海：上海大学出版社，2020.

[20] 沈光.新时代高校思想政治教育亲和力研究[M].徐州：中国矿业大学出版社，2020.

[21] 柯尔伯格.道德教育的哲学[M].魏贤超，柯森，译.杭州：浙江教育出版社，2000.

[22] 杜威.民主主义与教育[M].王承绪，译.北京：人民教育出版社，2001.

[23] 白显良.提升思想政治教育亲和力需把握的几重关系[J].思想理论教育，2017，4：
17–22.

[24] 王淑荣，王英洁.新时代提升思想政治理论课亲和力和针对性的重要性及对策[J].思想
政治理论教育导刊，2018，3：130–132.

[25] 唐斌.高校思想政治教育亲和力及其内在逻辑研究[J].学术论坛，2018，41（6）：
170–175.

[26] 张国启，汪丹丹.论新时代思想政治教育亲和力的内涵及其提升的实践维度[J].学校党
建与思想教育，2019，15：45–48.

[27] 王新刚.论思想政治教育亲和力及其提升[J].教学与研究，2019，8：84–91.

[28] 雷骥.提升高校思想政治教育亲和力的关键因素探讨[J].学校党建与思想教育，2020，7：47-49.

[29] 郑敬斌，刘敏.思想政治教育话语亲和力提升问题研究[J].思想理论教育导刊，2020，3：133-137.

[30] 徐稳，葛世林.论思想政治教育亲和力提升的四重维度[J].思想政治教育研究，2021，1：106-110.

[31] 杜艳艳.新媒体时代提升高校思政课亲和力的策略[J].学校党建与思想教育，2021，4：41-43.

[32] 闫冬，张澍军.新时代提升高校网络思想政治教育实效性的问题与对策[J].东北师大学报（哲学社会科学版），2024，3：137-143.

[33] ZHANG Y. Analysis of the communication path of ideological and political education for college students empowered by smart media[J]. Journal of education, teaching and social studies，2024，6（2）.

[34] CAI J, ZHU C, Xu S, et al. Research on the strategy of ideological and political education in the course of deep integration of information technology[J]. Computer informatization and mechanical system，2024，7（3）:10-15.

[35] GANG L. Research on the function construction of ideological and political education of new media matrix in colleges and universities[J]. Media and communication research，2024，5（2）.